青春文庫

話は1分でみるみるうまくなる！

話しベタ・人見知りが武器になる「超」会話術

臼井由妃

青春出版社

はじめに

こんにちは！　臼井由妃《うすいゆき》です。

今、あなたが手を伸ばした本屋さんで、あるいはインターネット書店で、目に留めていただけるのを、私は心待ちにしていました。

なぜなら、本書にはあなたの悩みを解決する方法が書いてあるからです。

あなたがずっと求めてきた答えが、必ずあります。

なぜ、そこまで自信を持って言えるのでしょうか——。

私は「あがり症」で「人見知り」。

30代半ばまでは「吃音《きつおん》」という悩みも抱えていたからです。

取引先と名刺交換をすれば「名前」を伝えるのが精いっぱいで、お愛想なんて言えません。必死に記憶したセールストークを「スピーカー」のように流すだけで、相手の話を聞く余裕もありませんでした。

パーティーでは隅っこに隠れ、本当は話をしたいのに「誰かに話しかけられたらどうしよう……」。

私は自分の世界で右往左往する「コミュニケーション難民」でした。

話し方の本は、100冊以上は読みました。話し方教室にも通いましたし、練習も重ねました。でも、ダメなのです。

相手が本に書いていない、学んでいない反応をすると固まってしまって、無言。

「また嫌われた」

「蚊帳《かや》の外だ」

本当に辛《つら》い日々でした。


しかし、そんな私が**あることに気づいてから、あがり症や人見知り、なんと吃音症まで克服することができたのです。**

それは、「うまく話せない」ことを武器にするだけの、誰にでも簡単にできる方法です。

実際、私はその方法でどんな方ともスムーズに会話ができるようになって、**今では参加者数のべ4万人を超える講演家として、全国を飛び回っています。**

メディアに話し方の連載を持ち、著作活動を行い、マスコミからインタビューを受けたりもしているのです。

だからこそ、あなたに伝えたいのです。

たった一つを意識するだけで、初対面でもストレスなくみるみる話せるようになって、人間関係がよくなっていくのを知ってほしいのです。

本書には話し方の先生でもアナウンサーでもない、吃音の私でもできた「1分でみるみるうまくなる話し方のコツ」を具体例とともに網羅しています。

私の実体験から生み出した「うまく話せない人」のための上手な話し方が書いてあります。

上手な話し方とは、流暢《りゅうちょう》に話すことではありません。

「うまく話せない」ことを武器に、あなたらしい言葉で伝える。人前でうまく話せない人ほど、劇的効果を生む話し方です。

初対面の人に会う、プレゼンテーションをする、パーティーで祝辞を述べる、大切な人を元気づけるなど。本書の話し方を身につければ、あらゆる場面に対応できます。

いつの間にか、あなたの悩みが消え、いい出会いが生まれ、たくさんの幸運が手に入る。

そんな人生を輝かせる「1分でみるみるうまくなる話し方」を、これからお伝えしていきましょう。

臼井由妃

目次

第2章 「プラスひと言&1アクション」で好感度アップ!
——「初対面のあいさつ・自己紹介」1分のコツ

第3章 成功する人は「短い言葉」でムダなく伝える
――「スピーチ・説明・会議」1分のコツ

第4章 「ほめる技術」が人を動かす
——「説得・営業・リーダーシップ」1分のコツ

第5章 「気くばり会話」で自分からいい関係をつくる
——「職場・人間関係」１分のコツ

第6章 困ったときの伝え方ポイント
――「相手のタイプ・シーン別」1分のコツ

本文デザイン・DTP　ハッシイ

プロローグ

度重《たび》なる退職勧告と5年間友人ゼロが「話さなくても伝わる」技術を生み出した

「明日から来なくていい。クビだ」

「おまえみたいな使えない奴、いらない」


ああ、また言われてしまった。

返す言葉もなく、仕事先で私物をまとめ、

「お世話になり（ました）……」

消え入りそうな声でお辞儀をするのが、やっとでした。


吃音《きつおん》でも勤められるからと新卒で就いた食品研究の職は、「現場研修」に派遣されたショップで「いらっしゃいませ」が言えず、緊張から脳震盪《のうしんとう》を起こして1週間でリタイア。

その後、学習塾での資料作成や料理屋さんの仕込み、クリーニング屋さんの裏方など。話さなくてもいいはずの仕事を選ぶのですが、必ずといっていいほど、上司から「愛想が悪い」「使えない」とダメ出しを食らう。

同僚からは「何を考えているか分からない」と煙たがれる。

気づけば退職勧告は10回を超え、社会人になってから5年間というもの、友だちと呼べる人は、一人もできませんでした。

私は社会の脱落者――。

情けなくて悔しくて、泣いてばかりいました。

そんな私にも、学生時代は友だちがいました。

私のペースに合わせてゆっくり話を聞いてくれる、うなずいているだけでも応えてくれる、心が通じ合う友だちです。

でも、社会に出たら、そんな悠長に構えてくれる人はいなかった。

何とか、自分の思いを伝えられる人になりたい。

当時の私は「話し方」の本をむさぼるように読み、教室に通って練習を重ね、二十四時間、話し方のことばかり考える状況でした。

でも、うまくいかないのです。

話し方を学べば学ぶほど、知識は増えても実践できない「ジレンマ」に陥る。ノウハウを暗記しても、いざ人前に出ると、緊張して飛んでしまう。

話そうとすればするほど、話せなくなるのです。


「あの頃はよかったなあ〜。こんな私でも話ができたもの……」

「うまく話せなかったけれど、会話が成立していたのはなぜかしら？」


学生時代の友人との楽しい時間を懐かしむうちに、気づいたのです。

「話す」とは、口を動かして発言することだけではないよね。

黙っているときの目の動きや表情、身振りや手振り、醸し出される雰囲気のすべてが「話す」ことになる。

うまく発言できないなら、表情豊かに私らしいアクションを交えて「しゃべらない話し方」をすればいいのではないかしら？

それならば、あがり症で人見知り、口ベタな私でも会話ができる！

それが「話さないコミュニケーション」を磨くきっかけとなりました。

しゃべらない人のほうが信頼される

まず、はじめに行《おこな》ったのが、**「あがり症」や「人見知り」は悪くない。饒舌《じょうぜつ》にしゃべる人よりも何倍も魅力的だ**、と捉えることです。

欠点を思い悩むのではなく、活かす考え方に意識を変えました。

- 初対面の人とは雑談ができない
- 何か話さなければ、という思いから、的はずれな発言をしてしまう
- 想定外の質問がくると、パニックになる

●意見を求められると「△△さんと同じです」「それでいいと思います」などが定番になっている
●質問するのが苦手

こんな悩みも、意識を変えれば瞬《また》く間に消えてしまいます。

たとえば、

初対面の人とは雑談ができないというのは、思慮深い人。
何か話さなければいけないという思いから、的外れな発言をしてしまうのは、サービス精神の表れ。
想定外の質問にパニックになるのは、正直な証《あかし》です。

通りいっぺんの受け答えしかできないのも、物事を丸く収めたいという優しさであり、質問するのが苦手なのは、相手の立場を思いやる心が強いということです。

このように捉えると、あがり症や人見知りならではの魅力に気づきます。

ほかにも、**しゃべれないからこそ「口が堅い」「意思が強い」「信頼できる」**など。欠点は長所に転換できることに気づくでしょう。

あなたはこれまで「うまく話そう」と奮闘してきました。たくさんの「話し方」を学び、実践して答えを探してきましたよね。しかし、ここで意識を変えて、もう一度自分を見つめ直してみましょう。あがり症や人見知りには、よいところがたくさんある。「信頼される」こと一つをとっても、すごい魅力の持ち主なのです。

素敵な人生は「言葉の大掃除」から始まる

あがり症や人見知りには、よいところがたくさんある。それは充分理解した。では、具体的にはどうすればいいのか？

人見知りのせいで、誤解されているのだから。

あがり症のせいで、責任ある仕事を任せてもらえないのだから。
友だちができないのは、口ベタだから――。
生まれ変わったように社交的になるためには、どうしたらいいのか。
しゃべりにくい人と思われないためには、何をすればいいのか。

早く答えを知りたい。
私自身がそうでしたから、焦る気持ちは分かります。ですが、ここが肝心です。

●流暢《りゅうちょう》に話すことに憧れない
●雄弁に語ることに憧れない

言葉数や言葉の勢いで「話せる人」になろうとするのはやめて、「言葉の大掃除」を心がけるのです。

「言葉の大掃除」とは、お世辞や取ってつけたような社交辞令、カッコつけた表現や自分をよく見せようとする言い回しはしない。

ダラダラおしゃべり、ジタバタ言い訳などで相手の会話を遮《さえぎ》ったり、大切な時間を奪うような言葉を一掃することです。

その結果、発言に重みが生まれ、**「ひと言」でも思いを伝えられる人になります。**

自分をアピールするための発言を耳にすることは、多いでしょう。

いい意見には、「実は私もそう思っていました」と言う人。

日常会話でも、「このお店のマカロンは美味しいよね」という発言に、「もちろん、美味しいって知っているよ。私は常連だもの」

これは、**無意識に「会話泥棒」をしてしまっている**わけです。

相手が嫌悪感を抱いているのも知らずに、「ところで、○○の件だけど」と話の主導権を握ろうとすれば、嫌われるのは明白です。

悩み相談もそうです。相談を受けてすぐに、「それはね〜」と自分の考えを展開し始めれば、相手の話をしたい気持ちに水を差すことになり、相談したことを後悔するでしょう。

しゃべりすぎるバカは嫌われるのです。

「しゃべり」を少なくしたら、信頼される、愛されるようになる。

ここにコミュニケーションの真髄が、あります。

人に恵まれ仕事に恵まれ、素敵な人生を歩むためには、「言葉の大掃除」が欠かせません。

おしゃべりな人がその欲望を抑えるのは、かなり難しいですが、うまく話せないという意識のある「あがり症」や「人見知り」のあなたならば、「言葉の大掃除」なんてすでにクリアしています。

輝く未来を手に入れるパスポートを、すでにあなたは持っているのです。

さあ、まずは1章。

『上手に話せない人ほど「うまく」伝わる』から、その事実を、具体例とともに見ていきましょう。

第１章

上手に話せない人ほど「うまく」伝わる

――「話さないコミュニケーション」１分のコツ

One-Minute Tips for Good Communication

1 生まれたときは誰もが「おしゃべりな社交家」だった

私のもとに寄せられるお悩みの大半が、

「どうしたら、初対面の人とうまく話せるようになるのですか？」

というものです。

「人見知りだから声をかけられない」

「あがり症だから、うまく思いを伝えられない」

そうおっしゃる方が、本当に多いのです。

ここで、あがり症や人見知りは個性、魅力だと言っても、あなたは納得できませんよね。

現実問題、一刻も早くスムーズに会話をしたい。一日でも早くコミュニケーション上手になりたいですものね。

でも、ここで大切な事実を確認しておきましょう。

あがり症や人見知り、口ベタな人も、最初はそうではなかった。
生まれたときは誰もが「おしゃべりな社交家」なのです。

赤ちゃんは泣いたり笑ったり、ぐずったりイヤイヤしながら、表情豊かに自分の思いを伝えています。

相手が誰であろうと遠慮することなく自己アピールをするでしょう。

今はコミュニケーションに悩みを持つ方も、かつては「おしゃべりな社交家」だったのです。

それが、気づいたらあがり症や人見知り、口ベタになってしまった。

そこには、必ず理由があるのです。

2 「人前で話すのが苦手」は武器に変えられる！

私の場合は、「小学校入学」でした。

幼稚園は、近所に住む友だちばかり。守られていたのですね。ところが、少し離れた地域の小学校に入学したことで、周囲は見知らぬ子ばかりになりました。

ですから、一から友だちを作らなければいけないうえに、幼稚園からの友だちと仲良く会話をしているクラスメートの輪に入っていけないのです。勇気を振り絞って「お友だちになってね」と声をかけても色よい返事がもらえず、次第に「嫌われている」と思うようになり、それならば話さないほうがいいと考えました。

さらに、「ほっぺが赤いね」とか、「由妃ちゃんのお話、つまんない」。たわいないクラスメートの言葉に敏感に反応。話すことを避けるようになってしまったのです。あなたにもそんなきっかけがありませんでしたか？
①何か話さなければ「仲間外れにされる」という恐怖感
②「私は嫌われている」という自意識過剰
③話すことがないのに無理やり話せば「空気を読まない人」

長い間、私は自分であがり症を作りあげていたのです。

しかし、これらも発想を変えることで、メリットになります。

世の中は、話したい人ばかりですから「聞く人」になれば好かれる。

自意識過剰なのは、繊細な神経の持ち主ということ。話すことがないなら話さないでいい。

ぺらぺらしゃべる人よりも、何倍も信用される。

あがり症が生むメリットを知るほどに、コミュニケーションの真髄も見えてきます。

3
人見知りは直さなくていい！今日からできる3つの方法

「人見知り」は自然の反応。自分に正直なだけとお話ししました。とはいえ、自分から行動ができなくてチャンスを逃してきた。本当は人なつっこいのに、根暗《ねくら》な人と誤解された経験があるというあなた。

これからは悩みを直そうとするのではなく、人見知りのメリットを理解して、「人見知り界の人気者」になるつもりで、次の3つのポイントを磨きましょう。

①人の話を聞くのが大好きになる ⬇ 好奇心は誰にも負けないで。

②あいさつはきちんとする ⬇ 初対面でも素敵なあいさつさえできれば、あなたは人気者になれます。トークを磨くよりも、まずは「あいさつ」です（詳しくは次章で）。

③あなたらしい「ひと言」を身につける ⬇ 「感謝・元気・やる気」をキー

ワードに、話しやすい、語感のよい「ひと言」をセレクトしましょう。

「たったそれだけでいいの？」と思った方は、多いでしょう。

はい、いいのです。**自分の話を、瞳を輝かせながら聞いてくれる人は、100%好かれます。**

返す言葉が見つからないときには、サ行に属する「さすが・素敵・最高ですね・知らなかった・信じられない・素晴らしい・そうですね」などを味方にすれば、大丈夫です。

あなたらしいひと言は、口ぐせになるくらい「なじみのある言葉」がいいです。

私の場合は「今日もいい日になりますね」（感謝）、「折れない・めげない・諦めない」（やる気）、「心丈夫です」（元気）などです。

こんなことを言ったら変に思われるのではないかという、心配は無用です。

どれか一つでも試してみてくださいね。

確実に、人見知りという縛りからあなたは解放されます。

4 しゃべらない時間は、コミュニケーションの「アイドリングタイム」

口ベタな方は、どうすれば「話し方」がうまくなるかと考え、口を開いて発言することに神経を注いでしまいますが、改めたほうがいいでしょう。

コミュニケーションの半分は、口を開かず相手の話を聞いている「アイドリングタイム」だからです。

しゃべりが苦手な人が話し方を磨くのは間違いではありませんが、苦手を得意にするよりも、**多くの口ベタさんが本来もっている「聞く姿勢」の充実を図るほうが効率がいいのです。**

会話は言葉のキャッチボール。二人以上揃って成り立ちます。

しゃべる人に対して、しゃべらない人の存在は欠かせません。

しゃべりたいからといって、相手の会話を遮ったらどうなるでしょうか？

つまらないからと、「ところで」「そんなことよりも」と会話の主導権を握ろうとしたら、１００％嫌われます。それは「会話泥棒」の所業です。

現実に世の中には、「会話泥棒」が本当に多いといえます。

そういう人が仮に面白くてためになる話をしたところで、場がしらけるのは明らか。「発言すること」に集中すると、アプローチを間違えてしまうのです。

コミュニケーションに関する悩み解決の糸口は、しゃべらない「アイドリングタイム」にあります。

おしゃべりな人にとって、「アイドリングタイム」は苦痛でしょう。しかししゃべるのが苦手な人は、苦にならずに相手の言動を観察できます。

「アイドリングタイム」をどう活かすか。そのテクニックをつかむのが、しゃべるのが苦手なあなたに有効なのです。

5 多くを語らないからこそ記憶に残る

アナウンサーのように正確な発音で話す、饒舌《じょうぜつ》で自信たっぷりに話す。理路整然と豊富な知識を語る人には、話し上手なイメージを抱くのではないでしょうか?

「あんなふうに話せたらいいな」

「あの人みたいに、カッコよく話せたら」

羨《うらや》ましく思うでしょう。

しかし、そういう人の話は、あなたの心に響いていますか?

最初は、憧れの眼差しを向けながら感心して聞いているかもしれませんが、話が堅くて興味が湧かなかったり、整いすぎていて面白みがなかったり。

そうした人の話は、案外記憶に残らないのです。

知識だけでは、その人の魅力にはなりません。

理路整然とした話し方は、優等生すぎて心が見えません。

饒舌に、言いたいことだけを一方的に話すのは、言葉の押し売りです。

相手の感情を考えずに自分のペースで話されたら、あなたも閉口するでしょう。


話せないからこそ、伝えることができる。

多くを語らないから、記憶に残る。

話し方に自信がない人ほど、心に残る話ができる「伝え上手」の資質を充分備えているのです。

この事実を知ってくださいね。

人の心をつかむのは、的確な言葉で気持ちを素直に表す人です。

6 まずは、「話さないこと」を決めなさい

誰もが、自分の思いを伝えたい、理解してほしいと思っています。ですから、つい自分のことばかり話しすぎてしまうのです。

目の前にいる相手も、同じです。

「私の話を聞いてほしい。興味を持ってほしい」と願っているのですから、その思いに応えないことには、信頼関係を築けるはずもありません。

相手の思いを考えない自己中心的な話し方は、たとえ話題豊富で魅力あふれるものであったとしても、「雑音」でしかありません。

いくら話し方のテクニックを学んでも、調子に乗ってしゃべりすぎれば、薄っぺらな印象しか与えない。

しゃべりすぎる「バカ」は、嫌われるのです。

満足しているのは自分だけという悲しい現実を招かないために、**話さなくてもいいことを決めてしまう**のがオススメです。

なかでも次の3つは避けたほうがいいでしょう。

①自慢話 話したいのは山々でしょうが、喜ぶ相手などまずいません。

②不幸、不運の類 面白がって聞くのは、噂好きなレベルの低い人だけです。

③家族の話 相手の家族の話は正直、どうでもいいのです。自己開示のつもりが「事故開示」になりかねません。

人は相手の話を聞いただけで、性格や行動まで勝手に想像するものです。「この人は仕事でも周りが見えていないのかもしれない」「疲れる……」など。最初はちょっとだけしゃべりすぎただけであっても、嫌悪感が芽生え上司や部下、同僚との関係をはじめ友人や知人、あらゆる人間関係に影を落とします。

話さなくてもいいことを決める。

これは、話し方を学ぶうえで忘れてはいけない「要《かなめ》」です。

7 信頼される人は、この「コミュニケーションの七戒」を守っている

間違いなく嫌われるのは、**不平不満、噂、悪口、批判、聞きかじりの話、根拠がない話、意見の押し売り**をする人です。

これらは**「コミュニケーションの七戒」**。

仕事ができてコミュニケーション上手に見える人であっても、口にした途端に評価はガタ落ちになります。

そうした「七戒話」に食いついているような人も、心底から楽しんでいるわけではないのです。調子に乗ったら、仕事も人間関係も失いかねません。

逆に、**「コミュニケーションの七戒」を守るだけで、あなたは信用されて人気者になり、仕事も人生もうまくいくのです。**

不平不満、噂、悪口、批判を口にするのは誰しも避けると思いますが、聞き

かじりや根拠がない話を口にするのは、知識があると誇示したい欲から生まれる悪癖。

意見の押し売りは、自分しか見えていないことの表れです。

そして世の中には、驚くほど「七戒」を口にする人が多いのです。

これは口ベタの人にとって、チャンス！

饒舌な人が会話をセーブするのは難しいですが、口ベタな人なら難なくできます。口ベタを逆手に取ればいいのですよ。

あなたの周りにも、「七戒話好きなおしゃべりさん」はいるはずです。しゃべる人ほど、自分に酔ってしまう傾向がありますから、そこも観察。

その人を反面教師として、しゃべりを磨きましょう。

あなたの「しゃべり」を輝かせるのは、「しゃべらない」ことを決めることから始まるのです。

8
目は口ほどにものを言う！伝えたい思いを〝視線〟に込めよう

「目は口ほどにものを言う」「目は心の窓」という言葉があるように、目は情報伝達の道具でもあります。

目をうまく活かせば、話さなくても「存在感」を示したり、思いを伝えることができるのです。

ここで、私が実践している2つのテクニックをご紹介します。

①目を見開く

話し手に向かってパッチリ大きく目を開いて、「まあ！」「えっ？」と、興味津々の様子を伝えることができます。

また自分が話すときには、特に強調したいところで目を見開けば、「ここが重要です」というメッセージになります。

②上目づかいをする

面と向かうと、言いにくいことはあります。

口べタな方ならばなおさら、言葉に詰まってしまうでしょう。

そんなとき、私は上目づかいを活用しています。

上目づかいをすると、「困り顔」や「疑心暗鬼の表情」になるからです。

すると、8割の確率で相手は心中を察してくれます。

また、女性にのみ使えるのですが、上目づかいをすると好意を伝えることができ、「守ってあげたい」「力になりたい」という男性の本能を刺激します。

ただし、乱用は禁物です。

恋愛感情だと誤解を生んだり、その様子を不快に感じる第三者がいるかもしれませんから、一対一のときだけの秘策としましょう。


このように、目には言葉にも勝るとも劣らない伝達力があります。

いかにわかりやすく見せられるかがポイントになりますから、鏡の前で繰り返し練習するといいですよ。

9 トークの達人に学ぶ「黙ってしゃべる」法

人前に出るのが苦手。自分から話しかけるなんて、とんでもないというあなたに、最初にクリアしてほしいのが、**身振り手振りを活用する「黙ってしゃべる法」です。**

身につければ、「言葉がなくても、こんなに会話が楽しめるのか」「次はこのアクションをやってみよう」と、目の前が開け、話すことへの苦手意識も減っていきます。

私が「黙ってしゃべる法」を学ばせていただいているのが、「熊本の師匠」です。

色黒でぽっちゃり系、愛くるしいアクションで魅了する師匠の活動の場は、ご当地にとどまらず全国に広がり、今や海外イベント出演を果たす人気ぶりです。そんな師匠のアクションから、厳選してご紹介します。

●片手を口にあてる　「嬉しい、楽しい！」や「えっ！　何で？」と驚きを表したり、「あらまあ？」と冷めた意思表示にも使われています。

●両手を口にあてる　愛想、愛嬌を示すアクションです。

●両手を挙げる　あいさつを表します。「ウェルカム」の表現ですね。

●体を傾ける　「どうしたの？」「大丈夫？」など、相手を思いやるアクションです。

●両手で「イエーイ」を決める　「やったね」「すごい」など、共感を示します。

●思いきり肩を落とす　落胆、悲哀を表すアクションです。

ほかにも、ジャンプしたり手を振ったり、いろいろありますが、すべての意思疎通を、熊本の師匠はアクションだけでしているのです。

どれも「オーバーアクション」。ですから、使えないと思うかもしれませんが、仕事やプライベートを問わず、「今だ、ここぞ！」というときには力を発揮しますから、覚えておいて損はありません。

10 言葉で伝わらなければ「アクション」を使え

「たくさん、短め、ほんの少し」など、数値や大きさを示すとき、曖昧《あいまい》な物言いをする場合があります。

たくさんとはどれぐらいなのか？　言葉だけでは、ぴんときませんね。

日常会話ならばいいでしょうが、ビジネスの場でこうした曖昧表現だけで伝えると、「いい加減な印象」に映ります。

そこで活きてくるのが、大きさや形、長さや方向などを身振り手振りで伝える方法です。

必ず押さえてほしいのは、次の2つです。

①両手で長さや形を示す

長さを表すときには、「デスクの幅は」と言ったあとに、「これくらいですね」

と両手を広げて示します。

現物をイメージしやすいように、「こんな形です」と両手を使って、形を描いてもいいでしょう。

②指で数を示す

「この2つが企画のポイントです」あるいは「これからお話しする2つが重要です」というようなときには、指を2本立てます。

こうすることで、相手は「2」を意識しながら、より真剣に話を聞こうとするのです。

これらをあなたはすでに実践されているかもしれません。

でも、伝わっている印象が薄いようなら、アクションが小さいのではありませんか？　こちょこちょとやっていては、相手は気づきません。

アクションは、大きく、ゆったり行うのが重要です。

自信をもってチャレンジしてくださいね。

11 この「聞く姿勢」で、吃音の私でも成果を上げられた

相手があなたと一緒にいると、「心地いい」と感じれば、ずっと話をしたいと思うはずです。そうすればあなたは多くを語らなくても、会話が弾み、豊かな人間関係が築けるのです。

ポイントになるのが、「聞く姿勢」。

耳を傾けているという事実よりも、「きちんと聞いている」と相手に伝わることが重要です。

しゃべらなくても、「その話、もっと聞きたい」「教えてほしいな」「続きは?」と、話しかけている状態をつくる。そのカギが、「前のめり」です。

相手の話に夢中になると、自然と「前のめり」になります。

話が面白いとついつい身を乗り出しますし、話がつまらなくても、好きな人

なら、もっと話したいと、前に体が傾いていきます。

「前のめり」は、〝あなたの話に関心があります〟〝あなたに気を許しています〟という気持ちの表明でもあるのです。

さらに、あいづちの基本「はあ」「はい」「へえ」「ほう」。

一歩進めて、「そうですか」「知らなかった」「さすが」などで合いの手を入れれば、きちんと聞いているという姿勢が伝わるだけでなく、会話にリズムが生まれます。

すると相手はより饒舌になり、時には守秘義務に関わることや、ここだけの話が聞き出せることもあります。

これは実際に吃音で悩んでいた私が商談で活用してきたテクニックです。

相手の「しゃべりたいエンジン」を吹かすことで、ライバルの動向や商談の落としどころを探り、「しゃべらない営業」でも数字を上げることができました。

12

体を動かせば、自然に言葉があふれだす

あなたに質問です。

正座をして話をするのと、ゆったりと体を動かしながら話をするのでは、どちらが、あなたらしい話し方ができますか？

声が出やすいのは、どちらでしょうか？

おそらく、ゆったり体を動かしたほうが話しやすいという方が大半でしょう。

実は、**あがり症や口ベタの方は、正座や直立不動など、緊張した姿勢で話を続ける人が多い。その姿勢そのものが、悩みを増幅させているのです。**

ですから、普段から意識して体を動かしながら話をする。

緊張してどうにもならないという非常時には、何をおいても体を動かしましょう。

動くことで脳への入力と出力が繰り返され、活性化して緊張感が解けていきます。

ゆっくりと歩くのがいちばん効果的ですが、披露宴でのスピーチや会議の席での発言など、歩くのが不自然なシチュエーションもありますね。

そのような場合は、ゆったり視線を巡らせながら首を動かしたり、背筋を伸ばすだけでも、緊張感から解放されます。

あがり症には、すごい効き目があるのです。

さらに、直立したままで話すよりも表情が豊かになりますし、声にメリハリがつきます。

うまく話せなくても、みんなに伝わる話ができるようになります。

体を動かせば、自然に言葉があふれだします。

ぜひ覚えておいてくださいね。

13 「見た目」に現れる、あなたのメッセージ

人前で話すのが苦手な人は、外見から変えていくのもオススメです。外見を演出すれば、話さなくても話す以上のメッセージを相手に届けられるからです。

ちょっと想像してみてください。

聴診器、白衣、メスといえば「お医者様」。そのスタイルから、おしゃべりなイメージを想像する方は、ほとんどいないでしょう。寡黙《かもく》で、厳しい表情が思い浮かびますね。

これは、**どういう仕事でどんな性質であるかは、見た目で判断される**ということを意味します。

では、その方が白衣を脱ぎ、短パンにTシャツ姿で談笑しながら街を歩いていたら、どうでしょうか？　その姿から、お医者様とは思えません。

この事実をもとに、話し方というアプローチから考えてみます。

一例を挙げると、

●寡黙で芯の強さを演出するには　ダークな色合いのスーツ。肩パッドが入ったジャケットも、ビシッとしていいですね。

●おっとりした話し方を演出するには　柔らかな色合いの服を選ぶ、少し抜け感を出す。

●ハキハキした話し方を演出するには　シャープなラインの服を選ぶ、ワイシャツは薄いピンクやクリームなど、肌色を綺麗に見せるものを選ぶ。

服や小物は言葉を発しませんが、その場にふさわしい話し方を演出するためには、充分な効果を発揮します。

見た目に、あなたのメッセージが宿ります。

まずは、その事実を意識してくださいね。

第1章のまとめ

- 話しベタ・あがり症・人見知りは「メリット」になる
- 発言することではなく、「しゃべらない時間」をどう活かすかを考えよう
- 多くを語らないからこそ、記憶に残る話ができる
- しゃべりすぎる「バカ」は、嫌われる
- 「コミュニケーションの七戒」を守るだけで、信用されて人気者になる
- 目には言葉に勝るとも劣らない、伝達力がある
- 『黙ってしゃべる法』を身につければ、口ベタから解放される
- アクションは、大きくゆったり行うのがセオリー
- 「前のめり」で、相手の「しゃべりたいエンジン」を吹かそう
- 緊張した姿勢が、あがり症をつくっている
- 外見を演出すれば、話さなくても、話す以上のメッセージを届けられる

第２章

「プラスひと言＆1アクション」で好感度アップ！

――「初対面のあいさつ・自己紹介」１分のコツ

One-Minute Tips for Good Communication

14 たった1分で決まる！自己紹介が「事故紹介」になっていませんか？

話し方に自信がない人のほうが、相手の心をつかむ自己紹介ができます。

話し好きな方やコミュニケーションに自信のある人の場合、ついあれもこれも話したくなって、自己紹介ではなく、「演説」になる傾向があるからです。

あれもこれも伝えようとすると、一つも伝わらない事態が起こります。

言いたいことが10あっても、1にとどめる。

すると、相手はもう少し聞きたいと思うのですが、話し好きな方は、これができないのです。

自己紹介は、「基本1分」です。1分で相手にどう覚えてもらえるか。

覚えてもらうべきことは、会社名や所属団体、これまでの実績や趣味では、ありません。あなたの「フルネーム」です。

フルネームを覚えてもらえない自己紹介は、「事故紹介」です。

まずはフルネームを、相手に印象づけましょう。

たとえば私、「臼井由妃」でしたら、

「臼杵《うすぎね》の臼、井戸の井と書いて臼井。由妃は自由の由、妃はお妃《きさき》の妃です。そういっても臼井さんとか由紀さんとか、覚えてもらえないのが切ないです。臼井由妃、覚えていただけたら嬉しいです」など。

人はまずフルネームから、何をしている人でこういう性格で……と、思い起こすもの。フルネームを覚えてもらうことは、出会いのチャンスをものにすることになるのです。

口ベタな人や印象に残る話題を提供できないと思っている方にとっては、「フルネーム」と「1分」は魅力的ではありませんか?

1分の自己紹介がうまくできれば、相手も好意的になり、あなたは緊張から解放され、スムーズに話ができます。

15 フルネームを覚えてもらうには「サンドイッチ方式」が効果的

自分の名前は言い慣れているので、つい流してしまいがちです。
問題は、自己紹介で「フルネーム」を名乗らない人が多いことです。

「フルネーム」は、あなたを認識する看板です。

名字だけ名乗るのは、看板の字が欠けているということ。看板の字が読めなければ、相手は戸惑ってしまいます。

「うすいさんでした？　しらいさんでしたっけ？」では、打ち解けるのに時間がかかりますでしょう。

名前の名乗り方は、「コミュニケーションの基本中の基本」。

話し上手を自認している方には、話す内容に気をとられてあいさつが雑だったり、ウケ狙いに夢中になったり、名前の名乗り方ができていない人が多いだけに、これができれば、あなたはたちまち伝え上手な人になれます。

フルネームは、
①いつもの会話よりも、ゆっくりと話す
②名字と名前の間に少し間をおく
③かみしめるように伝える
④「サンドイッチ方式」で、相手の記憶にしっかりインプットさせる

「サンドイッチ方式」とは、フルネーム（パン）で自己紹介を始め、伝えたい情報（具）をフルネーム（パン）で、はさむことを意味します。

パン　こんにちは、臼井由妃と申します。
具　話し方や仕事術の本を書いて、17年目の新人ビジネス作家です（笑）。
パン　本選びは、臼井由妃をキーワードに。よろしくお願い致します。

フルネームで始まりフルネームで締めれば、インパクトも余韻も十分で、必ず覚えてもらえます。

16 口角を上げて手を差し出せば、どんな相手も話しだす

目の前にいる相手が、口角を上げて「ニッコリ」。
そしてあなたの胸元より少し下に手を差し出したら、どうしますか？
おそらく、とっさに手を差し伸べて「握手」をするでしょう。
「こんにちは」「初めまして」と相手から言葉はなくても、
「お世話になります、○○（フルネーム）です」
「よろしくお願い致します」と、誰もが口火を切ってしまうのです。

口角を上げた自然な笑顔で相手の心をノックして、差し出した手で相手の「話したい心」を引き出す。

手を差し出すのは、「私はあなたに興味があります」「お話ししましょう」という好意のアクションであり、握手は「了解しました」という確認です。

「何を話したら盛り上がるか？」「どんなあいさつをしたら、気にいられるか？」と思い悩むよりも、「口角を上げて手を差し出す」を選びましょう。

相手が異性の場合、「握手はボディタッチだから、いいのかな？」「下心があると思われるかもしれない」と握手を意識すると、緊張してできなくなる心配もありますから、「初対面の方には、手を差し出すのがマイ・ルール」と、決めてしまうのもいいですね。

出会ったら、名刺を出す前に、口角を上げて「手を差し出す」。手を差し出せば、どんな相手も話し始めます。

17

初対面ですべらない万能ワード「きにかけていました」

初対面でもお互いに共有することができる話題としてオススメしたいのが、季節と天気のことです。

「いいお日和《ひより》ですね」「もうすぐひな祭りですね」「午後から雨になるみたいですよ」など。

あなたが、季節や天気の話なんてつまらないとか、心をつかめる話題ではないと思うのならば、こうして話しかけられたときの相手の反応を想像してみれば、納得できるはずです。

間違いなく、「そうですね」と返してきます。

しかし、いつも季節と天気の話題では、社交辞令やお愛想になる心配もありますし、あなたも面白くないでしょう。そこで、季節や天気以外の「話を進めるキーワード」も押さえておきましょう。

に **ニュース**（最近のニュースや業界の動向など）暗い話題は避けましょうね。
か **家庭**（子どもさんや奥様の話題など）親しい仲になれば有効です。
け **健康**（メタボやダイエットなど）健康情報に関心がない方はまずいません。
い **衣装**（ファッションや持ち物など）センスをほめる際にも活用しましょう。
ま **街**（地域情報や街で見かけたことなど）相手のオフィス近辺の話題は、関心の深さをアピールすることにもなります。
し **趣味**（凝っていることやスポーツなど）マニアックでないものがいいです。
た **食べ物**（好きな食べ物やグルメスポットなど）誰もが好きな話題です。

私は季節の「き」、天気の「て」も入れて「きにかけていました（気にかけていました）」と覚えています。
あなたも「きにかけていました」を気にかけていただければ、初対面はもとより、どんなシチュエーションでも、話題選びですべることはありません。

18 「不要な前置き」は出会いのチャンスをなくす

「話しベタなものですから、自己紹介は苦手でして……」とか、「あがり症なので、うまく話せないのですが……」と。自己紹介や発言をする場で、言い訳から始める人がいます。

いかにも自信なさそうに、仕方なく話すといった雰囲気が漂っています。

人の話を聞くのは、本来面倒なもの。話をするのが苦手だと思っている人でも、話を聞くのは退屈でしかありません。

そこに**「話しベタなもので」とか「あがり症で」と言い訳を聞かされたら、たちまち話を聞く気がなくなります。**

さらに「えーと」「あの……」と、不要な前置きが飛び出せば、我慢も限界。「早く終わってほしい」「もう聞きたくない」と、なるでしょう。

「言い訳&意味のない前置き」で、出会いのチャンスをなくすのです。

また、マイクを渡されると「あっ、あっ」と儀式のようにマイクテストをしたり咳払いをしたり。「声、通っていますか?」などと念を押す人がいますが、緊張している様子が手にとるように分かります。

謙虚さの表現なのでしょうか? ある講演の冒頭で、「話はヘタですが、最後までおつきあいください」と語った講師がいました。

無理やり聞かされる参加者は、たまったものではありませんね。

これらの発言は、「話しベタ」を自慢しているようにしか思えません。「私のしゃべりは最悪だ」と感じていても、絶対に口にしないことです。わざわざ「話しベタ」を宣伝する必要はありません。口にしないだけでも、あなたの印象は変わるのです。

19
あいさつは「ひらがな」を意識する

あがり症や人見知りの方は、「こんにちは」や「おげんきですか？」と、ひらがなを意識しながら、あいさつするといいでしょう。

こうすると、**柔らかで優しい印象になり、肩の力が抜けたあいさつができます。**

久しぶりにお会いする方や初対面では誰しも緊張します。

身構えてしまうのが常です。

そんなとき、「こんにちは」や「ごきげんよう」とひらがなで語りかけるようなあいさつから始まったら、相手も胸を撫で下ろします。

強面《こわもて》の方や男っぽい方ならば、ギャップに魅了されるでしょう。

「ひらがな」を意識したあいさつは、あなたに関心を持ってもらう効果的な方法でもあるのです。

女性の方ならば「ごきげんよう」で上品さを演出するのもいいですね。

ひらがなを意識したあいさつは、自分から距離を縮める「意思表示」です。

すると、相手も同様に返してくれます。

これは親密な関係では相手と同じ言動をすることが多く、好意を抱いている相手と同じ言動をしてしまう「ミラー効果」を活用したものです。

「ご無沙汰《ぶさた》しております」や「お世話になります」といったあいさつが悪いというのではありません。

口ベタの方は、こうしたあいさつも「ごぶさたしております」「おせわになります」とひらがなをイメージしながら、使うようにしましょう。

それだけで緊張が薄れ、ミラー効果が活用できます。

相手との距離が、縮まります。

20 どうにもならない「どうも」君

「新人社員には、『どうも君』が多くて困る」

「新人ばかりではないよ、中堅社員にもいる。品格が疑われる」

これは友人、知人、お得意様などから何度も耳にした嘆きです。

どのような場合でも、あいさつを「どうも」だけで済ませる人のことを、「どうも君」と仲間内では呼んでいます。

「どうも」はいろいろな場面で使える万能フレーズ。あいさつだと思っている方もいらっしゃるかもしれませんが、ビジネスシーンでは不向きです。

相手が誰であっても、失礼に当たります。

ごく親しい間柄やプライベートシーンでは「先日はどうも……」「夕べはどうも……」という省略形でも、コミュニケーションは成り立ちます。

しかしそれが当然だと思っていると、ビジネスシーンでも「どうも」と口走り、「あいさつさえできないのか?」と、知性を疑われかねません。

ビジネスの場では、「どうも」だけでは意思が通じないですし、相手に軽く見られる可能性が大きいです。

感謝を伝える場合ならば「どうも」ではなく、

- **「ありがとうございました」**
- **「誠にありがとうございます」**

謝罪を伝える場合ならば「どうも」ではなく、

- **「大変失礼致しました」**
- **「誠に申し訳ございません」** など、

きちんとあいさつするようにしましょう。

ちなみに「どうもありがとうございます」が口ぐせの方は、何かと「どうも」が飛び出す傾向にありますから、注意してくださいね。

21
「ど」から始まる質問で、一気に会話が続く！　広がる！

自己紹介をしても、相手からの反応が今ひとつ。すべらない万能ワードも空振り。このままでは会話がストップしてしまう。

こういう経験をお持ちの方も多いでしょう。

焦る、慌てる、パニックです。

「どうしよう……」と嘆きたくなりますね。

そんなとき思い出してほしいのが、〝どうしようの「ど」〟から始まる質問です。

「どなたのご紹介ですか？」
「どのように思われますか？」
「どちらからお越しですか？」

「どこに魅力を感じられますか?」

「どちらのご出身ですか?」

「どんなお仕事を、なさっているのですか?」

「どうすれば」「どうやって」「どうしたら」「どうして……」


まず頭の中に「ど」を描いてください。

そして、そこからつながる質問をするのです。これで会話に広がりが生まれます。


ただし、「ど」から始まる質問は続けないように注意してくださいね。

関心があるから、こうした質問をするのだな、と受け取る方ばかりでは、ありません。詮索好きな人と思われたり、しつこければ相手を責め立てる「詰問」にもなりますから、ほどほどにしましょう。

22

会話を弾ませる3返し「オウム返し・濃縮返し・ハート返し」

相手が「このパスタはコシがあってうまいね」と言ったら、あなたは「コシがありますよね」と返す。

会話のキーワードをそのまま繰り返すのが、「オウム返し」です。

これを積み重ねていくと相手には、「共感してもらえた」「よかった」という意識が育ちます。あなたに心を開くようになり、会話にリズムが生まれます。

オウム返しの他にも、会話を滑らかにする返しワザがあります。

私が活用している、「濃縮返し」と「ハート返し」をご紹介しますね。

「濃縮返し」とは、相手の発言を簡潔にまとめて返す法。美味しいところを濃縮するイメージです。

相手「駅前のカフェで、高校時代の同級生に20年ぶりに会ったんだ」

あなた「偶然、会ったんだ？」

「濃縮返し」は、相手の話をきちんと聞いていないとできません。

それだけに的を射た返しができるようになると、あなたの聞く姿勢をアピールできて好印象になります。

「ハート返し」は、相手の感情＝ハートを読み取り、言葉にして返す法です。

相手「一週間かけて煮込んだ特製ビーフシチューです」

あなた「うわぁ～、すごい」

他にも「へぇ～一週間も」「うわぁ～、最高に贅沢」など、そのときの感情を察知して返しましょう。テクニックよりも、「すなおな感情」を表現するのが「ハート返し」を成功させるコツです。

「オウム返し・濃縮返し・ハート返し」を活用すれば、会話にうねりが生まれて盛りあがること必至です。

23 「5S言葉」で、さりげなく会話を終わらせる

会話が盛り上がり、心が通じたと思うと、相手は安心して自分語りを始めるものです。饒舌になり止まらない。早口になる人もいます。

それはあなたを味方だと捉えて話したい心が急激に高まるからです。

すると、会話の段取りが狂ってきます。

相手は話したいのですから、あなたは「聞き役」になって言葉のキャッチボールをすればいいのですが、先にお話しした「オウム返し」や「濃縮返し」「ハート返し」以外の策も必要になってきます。

そうでないと、会話を終えるタイミングを示せないからです。

私が活用しているのが、サ行に属する「5S言葉」です。

もともとはあいづちがベースですが、ご紹介する「5S言葉」は、会話を終えたいという意思をさりげなく伝える役割も、果たします。

さ **さすが（ですね）**　会話を弾ませる役割と、「さすがですね。学ばせていただきありがとうございます」で終えることもできます。

し **信じられない**　驚きを示す言葉ですが、その後、沈黙をすると、相手も黙るもの。それがきっかけで、話を転換することもできます。

す **素晴らしい（ですね）**　ほめ言葉であり、「素晴らしいお話を聞かせていただきありがとうございます。また教えてくださいね」などと伝え、終えることもできます

せ **成功の秘訣ですね**　相手をたたえてからメモ。間《ま》をおくことで、相手の話すペースもゆっくりしてきます。

そ **そうですね**　とても便利な表現です。明るく言えば「共感」、しみじみ言えば「思案中」、少々突き放すように言うと「困った」雰囲気にもなります。

会話に困ったときは、これらの「さしすせそ」を思い出してくださいね。

24

ロベタさんの秘密兵器「オノマトペ」で印象が明るくなる!

「オノマトペ」とは、擬音語や擬声語、擬態語を示すフランス語です。物事の声や音、動作、感情などを簡潔に表し、情景をより感情的に表現する手段として使われています。

たとえばガャガチャ、キラキラ、キリキリ、イライラ、ワクワク、スベスベなど。あなたも限りなく思いつくはずです。

そして**「オノマトペ」は、ロベタさんの救世主**でもあるのです。

何かを伝えようとするとき、美辞麗句や名言を探し、カッコいい言葉を使おうとすると、自分の普段の言葉とはかけ離れていて、ピンときません。使ったところで、なじまず相手に伝わらないものです。

しかし、「オノマトペ」ならば、簡単に表現の幅を広げることができます。

たとえば、雨が降る様子を伝える場合には、
ザーザー、しとしと、ぽつりぽつり、ぱらぱら、ポタポタなど。

食べ物の美味しさを伝える場合には、
もちもち、とろとろ、さくさく、あつあつ、ねっとり、ねばねばなど。

ドンドン出てきますでしょう。

「オノマトペ」は、音色がよく言いやすいのが特徴ですから、口ベタさんには嬉しいですね。

イキイキした感覚が伝わる「オノマトペ」は、使う人もイキイキさせます。

人見知り、引っ込み思案、声が小さい……そんな悩みも、「オノマトペ」が解決してくれます。

第２章のまとめ

☺フルネームを覚えてもらえない自己紹介は、「事故紹介」

☺「サンドイッチ方式」で自己紹介すれば、相手の記憶にしっかりインプット

☺出会ったら名刺を出す前に、口角を上げて手を差し出そう

☺初対面ですべらない「きにかけていました」の話題を押さえておこう

☺意味のない「前置き」で、出会いのチャンスがなくなる

☺ひらがなを意識しながら、あいさつをすると緊張しない

☺〝どうしようの「ど」〟から始まる質問を準備しておこう

☺「オウム返し・濃縮返し・ハート返し」を活用すれば、会話が盛り上がる

☺あいづちベースの「5S言葉」は、会話を終えたい意思表示にもなる

☺イキイキした感覚が伝わる「オノマトペ」は、使う人もイキイキさせる

第３章

成功する人は「短い言葉」でムダなく伝える

――「スピーチ・説明・会議」１分のコツ

One-Minute Tips for Good Communicatio

25

まずは、頭とお尻を決めるだけでいい

この章では、私が講演をする際、あるいは著者としてテレビや雑誌の取材を受けるときに特に気をつけている「13のポイント」について、お話しします。

取引先、上司、同僚、友人、家族との会話をもちろん、プレゼンテーション、祝辞、100人を超えるみなさんの前で話すときにも効果を発揮するので、活用していただければ嬉しいです。

私は30代半ばまで、吃音であがり症、人見知りの悩みを抱えていました。

でも、「うまく話せない」ことを武器に、自分らしい言葉で伝える術《すべ》を知って、人生が変わり、今では講演活動やマスコミに出演をしています。

その様子から、

「臼井さんは、まったくあがらないですね。羨ましい」

と言われますが、講演の前は口から心臓が飛び出しそうになりますし、舞台に上がれば足が震えます。

インタビューを受ける前は、緊張して倒れそうです。

しかし、最初はあがっていても、時間が経つにつれて冷静になるのです。

その秘訣は……。


頭とお尻だけは絶対に決める！


頭とは微笑みとあいさつ、自己紹介。お尻はあいさつとフルネームの復唱。

第一印象と余韻を決める、ということです。

頭をつかめれば、次第に緊張が和らぎ、中心部分もうまくいきます。

そこで手応えを感じて勢いに乗ってお尻を決めれば、好印象を与えるのは間違いありません。

たとえ途中で話すことが飛んでしまったとしても、頭とお尻さえ決めれば、充分理解してもらえるのです。

26 話の長さと年収は反比例する

いわゆる「成功者」「できる人」といわれる方々にお会いしてきて感じるのは、「話が短い」ということです。例外なく彼らの話は簡潔です。

話の長さと年収は反比例している、と言ってもいいでしょう。

仕事ができない人は、話を分かりやすく伝えるために、最適な言葉を選ぶひと手間を惜しんでいるのです。

何も考えないで「話したい」ことを伝えているから長くなり、分かりにくい。薄っぺらな内容になる。言葉に重みがなくなり、評価を下げている。

「話が長い」という一点のために「昇進」や「昇給」を妨げているとしたら、見逃せないですね。

長くなる原因の最たるものが「たとえ話」です。

たとえ話は、興味を惹きつける効果がありますが、話の本筋をはずれ、趣旨がぼやけてしまう危険を含んでいます。

たとえ話は「スパイス」。

ですから、「短く・面白く・分かりやすく」が基本です。

たとえばボールペンの特徴を示すとき、

「すらすら書ける」とありきたりに表現するのと、

「手になじみ、書いていることを忘れるよう、疲れないし綺麗に書ける」では、どちらがイメージしやすいでしょう。断然、後者ですね。

ただし、たとえ話は、ほどほどに。

「PRは3行でまとめる」

「ひと息で話せる範囲にとどめる」

など、自分なりのルールを決めるといいでしょう。

ちなみに私は、**「発言は1分以内にまとめる」**を心がけています。

27

聞いてもらえないスピーチの共通点❶

「自分の考えを押しつける＆ネガティブ発言」

相手が大勢であろうと少人数であろうと、**自分の話を聞いていただくことすべてがスピーチ**だと私は考えています。

式典でのあいさつや、プレゼンをすることが事前に分かっていれば、作戦を練って練習することもできますが、突然指名を受けることもあります。

そんなとき、「話しベタですから」と頭をかく、「お聞き苦しいとは思いますが」と前ふりの段階で周囲を不快にさせる人は実に多いものです。

作戦を練って臨んだスピーチやプレゼンでも、急きょ行うあいさつであっても、飽きる、不快になる、**聞いてもらえないスピーチには共通点があります。**

①自分の考えを押しつける

価値観や考え方は違って当然なのに、「私の経験から言えば間違いない」「スキルを積んできたから自信がある」などの発言は、自分の考えを押しつけることになります。

相手の関心を惹くことはできません。

②ネガティブな発言が多い

「だから、ダメ、どうせ、どうしようもない、ダサい」や「不透明、不安、不景気、こんな時代だから、報われない」など、悪気はないものの、ネガティブな言葉が口ぐせになっている人もいるので、注意しましょう。

お祝いの席なのに自己PRをする。競合他社との違いを明確にするのではなく、商品やサービスを批判するプレゼンテーションや演説口調のしゃべりもネガティブといえます。

28

聞いてもらえないスピーチの共通点❷

「発言目的&立場のカン違い」

その会の趣旨を把握しないで思いつくままに話をしたり、その場にいる人の立場や状況を考慮しない発言や、ふさわしくない言葉遣いをしたり……。

聞いてもらえないスピーチの共通点はほかにもあります。

①場の空気を読まない

よく耳にするのが「手短に話します」「簡単ではありますが」と言いながら、延々とスピーチやプレゼンをする方や、乾杯のあいさつが長い人です。

相手を考慮しないスピーチは、「ＫＹの極み」です。

②言葉遣いのカン違い

「私のような若輩者が」

「はなはだ僭越《せんえつ》ではありますが」

といった謙虚さを示す言葉も、連発すれば、嘘っぽい印象を持たれます。むしろ、やめたほうがいいぐらいです。

また忘れがちなのが言葉のクセ。

「要するに」「逆に言えば」と言う方がいますね。その人にとっては、会話をスムーズに進めるためのアクセントになっているのかもしれませんが、頻繁に出てくると耳障りです。

スピーチが心に響かない、プレゼンが決まらない、聞いてもらえないのは、話の内容よりも、話し方や、すぐにでも直せる口ぐせが原因の場合が多いのです。

ですから、**好感を持たれるスピーカー、「伝え上手な人」になるのは、難しいことではないのです。**

29 この5つのコツを押さえるだけで、誰でも「説明上手」になれる

「説明」は、そのことを把握していない人に、理解してもらうために行うものです。ですから、分からない部分を残したら、説明とはいえません。

説明を終えても相手が怪訝《けげん》な顔をしていたら、「なぜ理解できないのかな?」と相手を疑う前に、自分の説明力を疑ったほうがいいでしょう。

説明は、相手に合わせた言葉を選んで分かりやすく伝えるのが基本です。

しかし、親切な人やサービス精神旺盛な人は、余計なことまで話しがち。相手が求めている以上に話をしたら、間違いなく煙たがれます。

①相手はどういう人か? そのことをまったく知らない人と、少しは知識がある人では、②以降のポイントが変わってきますから、この点はしっかり押さえてください。

②どんなことを説明するのか？ 相手が求めるものと答えがぶれたら、説明ではなく「演説」になってしまいます。

③説明する範囲を明確にする あなたがその道のプロでも、延々と説明すれば嫌悪されます。相手が求めている範囲を把握して話すのが「プロ」です。

④説明の目的は何か？ 説明することで得られる互いのメリットを考えましょう。単に理解が深まるだけではなく、スケジューリングしやすくなる、意思の疎通がスムーズになるなど。

⑤どのように説明するか？ 結論を先に話すと、何を言いたいかが明確になるので相手は安心します。その後、なぜそのような結論であるかの根拠を伝えます。結論をあとに話す方法は一般的ですが、前置きが長くなったり、話の構成がまずいと相手を飽きさせてしまう恐れもあります。

この5つを押さえておくと過剰な説明にならず、肝心なところが抜けるというミスも防げます。 話の寄り道や脱線、退屈させるなどの失敗もなくなります。

30 ビジネス電話で「ミスを防ぐ」受け答えのツボ

電話は「声」だけのコミュニケーション。ですから間違いが生じやすいですし、相手が外出する直前など、「間《ま》」の悪いときにかけてしまうこともあります。

電話では「タイミングよく明快に話す」が何よりも求められます。

①込み入った話をする場合は事前に短いメールを送る

頻繁にやり取りする間柄であっても、いきなり電話で込み入った商談を切り出されて、スムーズに対応できる人はいないでしょう。

私はこのような場合、「○時に『○○の発売の件』で電話してもよろしいですか？」というような短いメールを事前に送ります。

すると相手は、わざわざメールで確認するのだから、「重要案件」と察します。

必要書類や資料を揃えることもでき、複雑な案件でもお互いに大切な時間を失わずに、進めることができます。

②口を大きく開き、はっきり発音する

たとえば、商談が決まってお礼を伝える場合、対面ではお辞儀や表情が加味されて「感謝の念」はきちんと伝わりますが、電話では、儀礼的に聞こえてしまうことがあります。

電話での会話は、口を大きく開き、はっきり発音するようにしましょう。「ありがとうございます」も対面以上にしっかり伝わります。

③大きさ、形、重さなどを伝える場合はイメージしやすいものにたとえる

単に「小さい」ではなく「ピンポン玉くらい」「手のひら大」と言うとイメージしやすいですね。日頃から容量や長短などを、誰もが知るものにたとえるトレーニングをするのもオススメです。

④アポイントの約束は日程と曜日をセットで伝える

2月9日午後3時と伝えるのではなく、「2月9日・火曜日・15時」というように。勘違いやスケジュール帳への書き込みミスを防ぐ役割も果たします。

31

会議を上手に仕切る「舵取りフレーズ」❶

「退屈でムダな時間」にしないために

会議をそつなく仕切るには、スタートのひと言が肝心です。


「そろそろ始めましょうか？」

「おおかた揃ってきましたので」

などでは、ゆるんだ空気が充満してしまいます。

会議をスタートさせる際には、

「定刻になりましたので、○○会議を始めます」

たとえ参加者の集まりが悪くても、時間になったらこう伝えて始めましょう。

ルールを守って会議を行うという議長の意思が明確になり、参加者にも緊張感が生まれます。

さらに会議の冒頭に、

「お忙しいところ、お集まりいただき、ありがとうございます」

忙しいスケジュールをぬって集まった参加者もいるのですから、このひと言があるとないでは、その後の進行にも影響があります。

顔を上げて語尾をはっきり伝える。

すると言葉にメリハリが生まれ、議長としての責任感や意欲を伝えることもできます。

会議がスタートした直後は、誰もが気持ちが引き締まっていて的外れな発言や無駄話は出ないものですが、時間が経つと議事進行を妨げる発言をする者も現れます。

だからといって、**「論点がずれている」とか、「議題とは関係ない」とストレートに言えば、カドが立ちます。**険悪なムードが漂うのは目に見えていますね。

そうならないために、相手を傷つけずに「会議」をそつなく仕切るフレーズを覚えておきましょう。

32

会議を上手に仕切る「舵取りフレーズ」❷

的外れな発言・長すぎる発言を止める法

黙っているのが苦手な人や、自分の存在感を示したい人には、「ひと言」でも発言しないと気がすまない人もいます。

そういう人が話し始めると、際限なく続きます。そこで次のフレーズで、軌道修正をしましょう。

「申し訳ありませんが、○○に絞ってご意見を頂戴《ちょうだい》できますでしょうか？」

「恐れ入りますが、△△に絞ってご発言をいただけますでしょうか？」

ストレートに「ポイントがずれています」とか、「いったい何の話をしているんですか？」などと言うとカドが立ちます。

「申し訳ありませんが」「恐れ入りますが」と、お願いやお断り、異論を唱える場合などには、言葉の前に添えて使用する「クッション言葉」があれば、相手を傷つけずに済みます。

意見と感想がぐちゃぐちゃになる、自分の経験を話し始めたりする「長すぎる発言」を止めたいときには、やんわりと相手に気づかせます。

「興味深いお話ですが、要約させていただくと」

「ご発言中ですが、まとめさせていただくと」

こうしたフレーズを使うのもいいでしょう。


「恐れ入りますが、手短にお願い致します」

「恐縮ですが、手短にお話しいただけますでしょうか?」

これらは、前置きが長く、本題になかなか入らない人に向けたフレーズです。

前置きが長いのは、クセであって悪気はありませんから、ストレートに「手短にお願い致します」と言われたら、カチンとくる人も多いでしょう。

ですから、**「恐れ入りますが」や「恐縮ですが」という「クッション言葉」を入れてから本題に入る。**

その気遣いがあれば、相手の面目が潰れることはありません。

33

会議を上手に仕切る「舵取りフレーズ」❸

本題からそれていくのを防ぐ言葉

それでも脱線や横道発言が止まらない人、発言中に熱くなって自論を展開する人もいます。こうした人たちを放置しておくと、議論はドンドン本題からずれていきます。

そこで次のフレーズを活用しましょう。

「少し意見を整理をしてみましょうか」

議論がまとまらないときに、「少し整理してみましょうか」と切り出して意見を集約します。

的が絞れれば、中身の濃い議論ができます。

「興味深いご意見ですが、それは別の機会にお話しいただけますか」

誰もがその発言が横道にそれていると思っても、

「それは議題ではありません」

「○○さんは、会議の趣旨を理解していますか？」

などと言われたら、怒りが湧く人もいます。

恥をかかされたとヒートアップして、議長への不満や個人攻撃につながるかもしれません。

「興味深いご意見ですが」で相手を立て、「それは別の機会にお話しいただけますか」と諭す。

やんわり言われたほうが、自分の誤りに気づきます。

34

会議を上手に仕切る「舵取りフレーズ」❹

「有意義な会議」に変わる締めのひと言

会議の最後は、参加者に好印象を抱かせる「締めのひと言」で決めましょう。

「いい会議でした」

会議は参加者の建設的な意見や協力があってこそ、進行ができて明確な方針も決定します。

ですから、自分が議長であっても、「いい会議でした」と伝えるのは、自画自賛にはなりません。参加者への感謝や気配りになるのです。

「素晴らしいご意見をいただき、ありがとうございました」

「お疲れさまでした」や「次の会議は○○で」「それでは終わりにします」では、冷たい印象を与えてしまいかねません。

「○○さんのおかげで、素晴らしい会議になりました」

というように、名前を込めて伝えるのも有効です。

ただし、このフレーズは、相手が一人のときに使います。

そうでないと、その人だけ特別視している、何か魂胆がある、など、「嫉妬《しっと》」や「疑念」を抱く人もいますので注意しましょう。

35 コメントに困ったら「体のパーツ」を使って表現する

会議や打ち合わせなどで、意見や感想を求められることがありますね。気の利いたことを言いたいと思うのですが、なかなか見つからなくて困ったという経験をお持ちの方も多いのではありませんか？

そういう場面で私が活用しているのが、「体のパーツ」を使った表現です。

取引先と会食をしていて、「新商品の売り上げはどうですか？」と聞かれたとしましょう。

毎回「おかげさまで好調です」では、会話がマンネリになります。

かといって、「絶好調！　イケイケです」では軽薄に見えるでしょう。

新商品の売り上げの感想ならば、

「右肩上がりです」

「息つく暇がないほど売れています」

というように、体のパーツを使って感じたことを表現すれば、単に「好調です」と言うよりも、具体的で相手の心に響きます。

耳が痛い・頭がズキズキするような・心をわしづかみにされた・眉間にしわを寄せるほど・両肩にのしかかる・胸を締めつけられるような・こぶしが震えるような・腑に落ちる・手に汗握る・背筋が凍るような・首が回らない……。

これらは体のパーツを使った表現ですが、日頃あなたが使っているものもあるでしょう。

たとえば「胸」だけでも「張り裂けそう」「えぐられるよう」「はちきれる」「高鳴る」「鼓動が止まらない」というように、次々に思い浮かぶはずです。

体のパーツを使った表現は口ベタな方にとって救世主。どう表現していいか分からないときは、体のパーツに助けてもらいましょう。

少々的外れになったとしても、イメージしやすく共感を呼びます。

36

「間」を使い分ければ、誰もが魅了される

本を読んでいると、句読点「、」「，」「。」「．」や「！」の感嘆符、「？」の疑問符や特定の文字や語句、文章などを囲ってほかの部分と区別する（）や「」。沈黙や余韻を示す場面では「……」などが登場します。

すると、誰もがそこで少し止まると思います。

ひと呼吸おいたり考えたりして、その言葉をかみしめる。繰り返し声にする人もいるでしょう。

しかし、日常の会話では句読点や感嘆符、疑問符の類を意識することはほとんどありませんね。

早口でまったく句読点がない話し方をする人や、感情表現が苦手な人の話には「！」や「？」は存在しなかったり。

聞きかじりの話なのか、自分の意見なのか区別がつかない話をする人は（）

や「」が不明瞭ということです。

逆に言えば、本を先生にして句読点や感嘆符、疑問符、「」「……」などの使い方を会話に取り入れたら、それが心地よい「間」となり、聞きやすいなど理解しやすい話ができるのです。

私は講演やテレビ出演など、緊張感がいっそう高まる場面では、頭の中で原稿を書くようにしながら話をしています。

すると緊張して早口になったり、しゃべりすぎたりがなくなるだけでなく、知識なのか意見なのか、強調したいことは何かも明確に伝えられるのです。

なお、先生として選ぶ本のジャンルは問いませんが、この本に決めていただけたら光栄です。

ここだけの話ですが、その点も加味して本書を執筆しています。

37

それでも、あがる人への処方箋
——私がいつも「ルビーの指輪」をしている理由

ここまでお読みになって、いかがでしたか。

スピーチや会議・プレゼンの場になると、いつも緊張してあがってしまうという人も、実践するうちに少しずつ自信が持てるようになるはずです。

「それでもあがるときは、どうするの？」

「想定外の事態が起こることだってあるでしょう」

実際、夜7時からの講演の冒頭に停電になり、懐中電灯を手にしながらマイクなしでお話ししたことがありました。

私の不注意で、演台ごと舞台から落ちたこともあります。

こうなると、パニックです。

ですが、私が慌てれば、周囲はもっと慌てて、参加者の「講演を聴きたい」という気持ちを殺《そ》ぐことにもなります。これではプロといえませんね。

そこで、講演やマスコミのインタビューを受けるときなどには、それがあれば、慌てず堂々としていられる「お守り」を必ず身につけています。

私のお守りは、行政書士試験に合格したときに記念に購入した「ルビーの指輪」です。

縁起がいいというだけでなく、真紅の色がやる気を奮い立たせてくれる。

私が好んでルビーの指輪を身につけているのは、想定外の事態や緊張に備えてのことなのです。

パニックになりそうなときは、左手の指にはめた「ルビーの指輪」にそっと触れ「大丈夫、大丈夫」と言い聞かせています。

お守りは指輪に限らず、時計やペン。何でも構いませんが、会話をする際に身につけられるものを選ぶのがいいでしょう。

きっとあなたの助けになります。

第3章のまとめ

- 途中で話すことが飛んでも、頭とお尻さえ決めれば、理解してもらえる
- 成功者の話は短い。発言は「1分」で分かりやすくまとめよう
- 自分の考えを押しつける&ネガティブ発言にご注意
- スピーチの目的や、その場にいる人の立場や状況を考慮する
- その説明で得られるメリットを考える、結論を先に話すなど、「説明上手の5つのポイント」を押さえておこう
- 電話で複雑な要件を説明するときは、事前に用件をメールしておくと効率的
- 会議を上手に仕切るフレーズを覚えておけば、的外れな発言・無駄話を防げる。相手の面目をつぶさないためには「クッション言葉」を入れるといい
- どう表現していいか分からないときは、「体のパーツ」に助けてもらおう
- 「間」を使い分けると、理解しやすい話ができる
- 本を先生に、句読点や感嘆符、疑問符、「……」などの使い方を学べば、聞きやすく理解しやすい話ができる
- それでも人前であがる人は、心が落ち着く「お守り」を選ぼう

第４章

「ほめる技術」が人を動かす

――「説得・営業・リーダーシップ」１分のコツ

One-Minute Tips for Good Communicatior

38 相手との距離をぐんと縮める「ほめる効果」

人はほめられるのが基本的に好き、という事実は疑う余地がありません。ほめられると、何だかくすぐったくて反応に困ったりもしますが、嬉しさに変わりはありませんね。

しかし、日頃は「ほめ言葉」を活用している私ですが、ほめたら「お世辞を言うな」と、怒られかねないからやめよう。そう考える人もいます。

M社長もその一人でした。

強面なうえに「オレ様的な発言」が目立つこともあって扱いにくい。鼻持ちならない社長だと、私は敬遠していました。

そんな折、M社長の祝辞を聞く機会がありました。

「彼の辞書には気配りや気遣いなんてない」とまで思っていたのですが、話を聞いているうちに胸が熱くなりました。祝辞が終わるや否や駆け寄って、「感動しました」と伝えました。

「感動？　冗談キツイなあ～」

最初は疑いのまなざしを向けてきたのですが、

「祝辞と称して、自己ＰＲをされる方がこういう場では多いですよね？　でもＭ社長のお話は主催者を立て、ユーモアが随所にちりばめられていて……」

具体的にどういうところに感動したかを説明するうちに、彼の表情は和らぎ、「照れるけれど嬉しい。ありがとう」と応えてくださったのです。

その瞬間、Ｍ社長との間にあった壁がなくなりました。

以来、経営者の先輩としてアドバイスをいただいたり、相談にのっていただいたり。親しくおつきあいをするようになったのです。

日本人は「ほめる」ことも「ほめられる」ことも、あまり上手でないと言われます。けれど、ほめ言葉がきっかけとなり、人間関係が広がったという経験を、私は数え切れないほどしています。

39 自己PRはNG！ 相手の反感を買うほめ言葉

「ほめること」の重要性や効果は、誰もが知っていることでしょう。ところが、ただ、ほめれば相手は喜ぶものとカン違いしている人が少なくありません。

ほめ言葉には、相手の長所や魅力を語るというだけでなく、尊敬や思いやり、共感や理解が含まれています。

人が好意を寄せるのは、単に相手を気に入っているからという理由だけでなく、自分に対して理解を示してくれているかどうかが大きく関わっています。

２００名を超える著名人や経営者などが集まったパーティーでのことです。壇上で自己紹介をしてほしいと促され、私はどんな仕事をしているか、主催者と知り合ったきっかけなど、３分ほどお話しさせていただきました。

スピーチを終えて席に戻ろうとしたときです。

経営者と思われる30代半ばの男性から、
「初出版おめでとう。素晴らしい！」と声をかけられました。
自己紹介では、新刊の告知はしました。あわせて「著作の仕事を18年させていただいているのも、読者様はじめ応援してくださる皆様のおかげです」ともお話ししました。

それなのに、彼は「初出版おめでとう！」と言ってしまったのです。

最初はちょっとした勘違い、私だって言いかねないと好意的に受け取ったのですが、「僕は３冊出していて○○キャンペーンで１位になった……」

延々と自己ＰＲが始まりました。こうなると、好意的理解は消え、嫌悪感が広がる一方です。このような場合には、

「おめでとうございます！」

「素晴らしいですね」

などと**シンプルな言葉を伝えたほうが、どれだけ相手は喜ぶかしれません。**

自己ＰＲをしたいがための「前ふりのほめ言葉」や「ウケ狙いのほめ言葉」はすべるだけでなく、怒りを買う可能性も大きいのです。

40 人づきあいが苦手な人から生まれた「すごいほめ方」

人づきあいが苦手という知人は化粧品会社のセールスマネジャーで、部下やお客様は女性がほとんどです。営業成績は入社以来、常にトップクラス。

「人づきあいが苦手というのに好成績を続けているのは、なぜだろう？」

その秘密が「本人が気づかない魅力をほめる」というものでした。

ホテルのラウンジで彼とお茶を飲んでいたとき、顧客の奥様と偶然、出会いました。岩下志麻さんを彷彿《ほうふつ》とさせる、和装が決まった上品な方です。

こういうとき、

「素敵なお召し物ですね」「お似合いですね」とほめるのが普通でしょう。

私も「素敵！　大島紬《つむぎ》ですね。お似合いです」と言ってしまったのですが、よく考えると「素敵です」（素敵なお召し物ですね）というのは、着物をほめていることです。

「お似合いです」（着物がよくお似合いです）というのも、彼女はさんざん言われているはずです。使い古されたほめ言葉という印象は否めません。

しかし、彼はひと言、

「参った！」

すると相手は「えっ？」と首をかしげる。

すかさず「お着物に、先日お求めいただいた口紅がこれほど合うとは気がつきませんでした、教えていただきましてありがとうございます」

深々と頭を下げたのです。

彼女は化粧品のプロが舌を巻くセンスの持ち主。そのうえ、自社の口紅もさりげなくアピールしているのです。

日頃から、彼は相手の意外な魅力を探すクセをつけていると言います。

すると、新鮮で驚きのある「手垢《てあか》がついていないほめ言葉」が生まれるのです。

41 ほめ上手は「直接ほめ」と「間接ほめ」を使い分ける

ほめるときには、

①直接ほめ　面と向かってほめる
②間接ほめ　他人を介してほめる

2つのシチュエーションが考えられます。

直接ほめとは「山田さん、営業成績が上がっているね。素晴らしい」と、肩を叩かれるように感じられるほめ方です。

間接ほめは「○○部長が山田さんのことをほめていましたよ。営業成績が上がっている。素晴らしいと」と、上司などが目をかけている様子が、別の人を介して間接的に伝わってくるほめ方です。

どちらも嬉しいと思いますが、感動するのは「間接ほめ」といえます。

間接的にほめられると、同じ言葉でも真実味が増すのです。

「○○部長は私の仕事をきちんと見てくれている。わざわざ○○さんに伝えているのだから、認めてくれているのだ。よし！　部長の期待に応えられるように頑張ろう」

というように、プラスのイメージが膨らみ、行動力にも弾みがつきます。

一方、「直接ほめ」は、人によってはお世辞や社交辞令としか映らないこともありますし、照れくさくて「すなお」に喜べないという人もいます。

ですから、私は部下やスタッフなどをほめるときには「直接ほめ」ではなく、ほめ言葉を本人に伝えてくれそうな人を選び、「間接ほめ」を活用しています。

「間接ほめ」は面倒くさそうに思えますが、ほめ言葉に慣れていない人でも自然に言えますし、普段はほとんどほめ言葉を言わないような人が使うほど効果的という特徴もあります。

42 たとえ相手が気分を害しても「このひと言」があればいい

なにげない言葉が相手の気分を害してしまった、という経験は誰しもあると思います。こういうときに、釈明を続けると「言い訳」や「その場しのぎの逃げ口上」になりかねません。

それよりも、相手の気持ちをよくする「ひと言」を添えてみましょう。

ポイントは3つです。

①前向きな「ひと言」でマイナスをプラスに相殺する

「信じられない」「また失敗したの？」などと失言して相手のテンションを下げてしまったときには、「意味のある経験ですよね」「これで一層成功に近づきましたね」と前向きなひと言で相殺《そうさい》しましょう。前向きな言葉には、前向きな返答があるもの。自然に相手のテンションも戻ります。

②すなおな「ひと言」でほめる

相手の話からほめポイントを見つけて、すなおに伝えましょう。

「行動力がありますね」や、「チャレンジ精神を見習いたい」などがいいでしょう。相手を気持ちよくさせるには、仕事力や人間性などをほめるのが好ましいです。

③話題を切り替える「ひと言」を活用する

「そういえば」「ところで」など、話題を転換する「ひと言」を活用しましょう。

ポイントは、自分のことを語るのではなく、相手の関心や興味を惹く話題を選ぶこと。

「そういえば、○○さんはフランス語がご堪能なのですよね」

「ところで、オペラに造詣が深いとお聞きしたのですが」など。

少々唐突と思ってもかまいません。話題を切り替えると、最初は首をかしげていた相手もだんだんと、乗ってきます。

失言を忘れて、いつの間にか会話が弾むものです。

43 人は「○○だから」に弱い

自分の考えを通したい、人を動かしたいと望むなら、「あなただから」を活用するといいでしょう。

「あなただから、頼みたい」
「あなただから、お願いしたい」
「あなただから、任せたい」

というように、「あなた」を「だから」で強調する言い方です。

「あなただから」に限らず、人は「○○だから」に、弱いもの。

この言葉を出されると、**明確な根拠や理由があるように受け取ってしまう傾向にあるのです。**

メールや手紙など、目から入った「○○だから」もそうですし、耳から得た場合には、条件反射のように受け入れ即、行動に移すことすらあります。

面白いのは、「論理的な思考傾向」にある人や、ちょっと気難しそうな人でもあまり変わらないということ。

人は話の内容よりも、形式を重視してしまうのです。

ですから、自分の要望を通したい、話を聞いてもらいたいと考えるのなら、「○○だから」というフレーズを活用すれば、応じてくれる可能性が高まります。

「あなただから頼みたい」などと言われると、相手は「私は特別な存在なのだ」「注目されている」という印象を抱きます。

まるで「ほめ言葉」のように受け取るのです。

冷静に考えてみると、「あなただから頼みたい」では、何の理由も根拠も述べていません。普通は腑《ふ》に落ちないはずです。

なのに、「そんなに言ってくれるなら」と、人は意気に感じるのです。

「○○だから」というフレーズは、相手を思い通りに動かす「魔法の言葉」です。

44 悪天候は、頼みごとのチャンス

私は難しい頼みごとや、厄介な相手との商談などでは、悪天候の日を狙います。

交通機関がストップしている場合は諦めますが、台風、豪雨、強風、雹《ひょう》、酷暑で閉口するようなときこそ、「チャンス到来」「絶好期」です。

ずぶ濡れになったり髪をふり乱したり汗ダクダクになったり、情けない姿になっていいのです。

たとえば豪雨の中を訪ねて行けば、

「こんな日に来るなんて、よほど困っているのだ」

「悪天候なのに、来てもらって悪いなぁ」と、相手は考えるものです。

それに、悪天候のときには訪ねてくる人も少ないですから、落ち着いて話を聞いてもらえ、頼みごとを受けてくれる可能性が高まるのです。

実際、経営者になって25年間で最も大きな商談を決めたのは、台風が接近している中、やっとの思いで出かけたときでした。

もちろん、事前に「近くまで来ているので、伺ってもいいでしょうか？」と、確認はしました。


雨の日にお客様を訪問するときには、「傘をさしても濡れるほどの大雨」とアピールするために、わざとスーツを濡らすという営業マンや、「渋滞に巻き込まれて約束の時間に遅れそうになったので走ってきた」とタオルで汗をぬぐいながら語り始める人もいたり。

私の周囲には、悪天候だけでなく、交通渋滞も味方にして頼みごとをする人は実に多いです。

こうした行動をあざといと思うか、賢いと捉えるかはあなた次第です。

しかし、難しい頼みごとは、正攻法ではうまくいかない場合も考えられます。

一つの策として、トライしてはいかがでしょうか。

45 気持ちよく引き受けてもらう！「依頼」の基本フレーズ

いつも「お願いします」「助けてください」では、能がありません。
相手との関係や状況に応じて、依頼の言葉は変わってきます。
ここでは覚えておいてほしい依頼の基本フレーズをご紹介します。

①「ご検討いただけませんか？」

取引先や上司、目上の方に何かを依頼する際に使うフレーズです。
「考えていただけませんか？」より、改まった印象になります。

②「ご配慮いただけないでしょうか？」

多少の無理は承知のうえで、頼みごとをする際に使います。

「ご配慮いただけないでしょうか？」と質問形ですが、実際は「ぜひ引き受けてほしい」と懇願している状況です。

両者は似ていますが、「ご配慮いただけないでしょうか？」のほうが、依頼の気持ちは強く伝わります。

③「お力添えをいただけませんか？」

アドバイスや協力を求めたいときに使うフレーズです。取引先や目上の方、あまり親しくない間柄の方に私は用いています。

「協力してください」「ご支援ください」では、馴れ馴れしい感が否めませんが、「お力添えをいただけませんか？」と言うと、「あなたの力を貸してほしい（私だけでは力不足ですから）」と、へりくだった印象になります。

④「お手すきのときにでも」

急ぎの頼みごとではない場合に使います。お手すきのときとは、本当のところは「ヒマなとき」という意味ですが「ヒマ」という言葉には、誰しも反感を抱きます。ですから、余裕があるように見える相手であっても、「お手すきのときにでも○○していただければ幸いです」と、私は頼みごとをしています。すると、自然に受け入れられます。

46

商談を成功させるカギ！「雑談」で、相手の警戒心を解く

商談や交渉、プレゼンなど、相手に納得してもらい、受け入れてもらうことは容易ではありません。

商談や交渉を成功させるためのコツ。キーポイントは「雑談」です。人は、雑談をしながら相手の様子をうかがっています。

初対面はもちろんですが、**自分に敵意がないか、つきあうメリットがある人かなど、常に警戒しているのです。その壁を取り払うのが雑談です。**

雑談中に打ち解けると、コミュニケーションが円滑になり、有力な情報を得られることもあります。**「雑談力は重要なビジネススキル」**なのです。

商談を成功へ導く雑談は、

①答えが「はい」になる質問をする

人は「はい」と言い続けると、「いいえ」が言いにくくなるものです。

自分の意見を受け入れてもらいたいときは、「はい」と答えてもらえる質問をしてみるのも策です。

②相手の出身地や出身大学などを話題にする

相手の出身地をほめて、リラックスさせましょう。その土地の知識がなく肯定的な質問が浮かばないときは、「いいところでしょうね」「名物には、何がありますか？」など、相手への関心を質問で示すのです。

人を介して紹介してもらった場合は、「○○大学のご出身だそうですね」「○○がご趣味だと伺いました」など、相手の出身大学や趣味などの情報を事前に知ることができます。商談前にこれらの情報を把握しておくことは、会話を弾ませるカギにもなります。

人は、自分に関心を持たれると嬉しくなって好感を抱き、相手からいろいろ質問されるかもしれませんね。

雑談を活用して相手の笑顔を引き出しましょう。
雑談は商談交渉を成功に導くポイントです。

第４章のまとめ

☺「ほめれば相手は喜ぶもの」は間違い。相手を分かっていないほめ言葉は逆効果

☺トップ営業マンには実は口ベタが多い。自己主張するのではなく、相手の意外な魅力をほめる

☺直接ほめると素直に喜べない人には「間接ほめ」が効く

☺失言しても、「相手の気持ちをよくするひと言」で挽回できる

☺「あなただから頼みたい」「あなただからお願いしたい」を活用しよう

☺難しい頼みごと、やっかいな相手の商談は、悪天候の日を狙え

☺相手との関係や状況に応じた「依頼の基本フレーズ」を覚えておこう

☺「雑談」は商談や交渉を成功に導くカギ。相手への関心を示すと自然に好感を持ってもらえる

第５章

「気くばり会話」で自分から いい関係をつくる

――「職場・人間関係」１分のコツ

One-Minute Tips for Good Communication

47

気くばりができる人が絶対に使わない三文字がある

気くばりができる人が絶対に使わない「三文字」があります。

「三文字」ですから、ひと言です。無意識に使ってクセになっていて周囲は違和感を抱いていますが、「非常識」とまではいえない「三文字」ですから、注意はしない。余計なことを言って嫌われるのも損ですから、スルーしている。

結果、長年使い続けている「三文字」。

その正体は「要は」(ようは)です。

「要は」は一番の要点となるのは、という意味で接続詞ではありません。

しかし「要は」「要はですね」と、話を遮ってしまう人やまとめたがる人は、あとを絶ちません。

「要は」が口ぐせの人は、自分は優秀だという気持ちが強いのです。自信を持つのが悪いのではありませんし、言葉自体に罪はありません。

しかし、「要は」は間違いなく偉そうに見えます。

以前、テレビ番組で**「嫌われる口ぐせワースト１」**だと報道していましたね。

「要は」が出ると、意見を交換する場が奪われてしまいます。

話を横取りされた相手は不快ですし、場の空気が悪くなって会話が途絶えてしまいます。一生懸命に説明しているのに、「要は○○ってことだよね」とバッサリ。それが的を射ていたとしても、不満が残ります。

誰もが話し好きで饒舌なわけではありません。

口ベタな人やあがり症の方は、人前で話すというだけで緊張の極致。

そんな状況で、「要は」が相手の口から出れば、「私の話はつまらないのだ」「くどいのかな？」などと、コミュニケーションへの苦手意識が増幅するでしょう。

気くばりができる人は、ビジネスシーンはもちろん、プライベートでも「要は」は使いません。使うのは、できる人に見られたい人です。

48 誰からも好かれる人に共通する「柔らかな話し方」

本当は穏やかで親しみやすい人なのに、敬遠される。
アドバイスをすると、煙たがられる。私は嫌われている……。
そうなるのは、本人も気づいていない「話し方」に問題がある場合が多いといえます。
好印象を抱かせる人は、話し方に柔らかさがあります。
柔らかさを決めるのは、「言葉の響き」と「考え方」です。
たとえば渋滞に巻き込まれて、待ち合わせの時間に遅れそうになったとき、
「げっ！　やっばい！」と言うのと、
「わぁ、どうしよう〜」と言うのでは、どちらが柔らかく響くでしょうか？
断然、後者ですね。
濁音は乱暴な印象を与えますし、促音は幼稚さを感じさせますから避けたほ

うがいいでしょう。

また「○○に違いない」「○○なんておかしい」「○○に決まっている」のような**決めつけた言い方をすれば、勝ち気で鼻持ちならない人、煙たがられる人と受け取られ、衝突するもとにもなります。**

そして話題を独占したがる。会話をさえぎり、話題の中心になりたがる**「仕切りたがりや」の人も要注意です。**

どんなに言葉遣いがよくても、好印象を与えることはありません。

自分の常識に間違いはないとか、白黒つけないと気がすまないという「杓《しゃく》子定規《しじょうぎ》な傾向」にある人は、考え方や行動様式は人それぞれ違うということを、改めて認識しましょう。

おのずと言葉が柔らかくなり、相手の話に耳を傾ける余裕が生まれて「好感度」を上げることができます。

49 距離を置きたい相手には、あえて「敬語」で話す

苦手、嫌いという感情が相手にあったとしても、せめて3分ぐらい。注意深く耳を傾けて共感や協調を示してくれたら、どんどんこちらも好きになるものです。

私の場合、「すなお」がキーワードです。

す　すごい　すばらしい　すてき（受け入れる）

な　なるほど（納得する）

お　おかげさまで（感謝する）

心の中でこれらの言葉をつぶやきながら、相手の話を聞くようにしています。

すると、お互いに心の壁がなくなっていくのが分かり、親近感の表れとして相手から質問も生まれます。

しかし、相性が悪い、できればカドを立てずに距離を置きたい、という人もいます。

その意思を遠回しに確実に伝えるには、ほかの人よりも丁寧に、あえて敬語で話すという策を講じます。

仕事の場でも親しくなってくれば、「ありがとうございます」が「ありがとう」に変化していきますね。

ところが、「おはよう！」に対して「おはようございます」、「お疲れ！」に対して「お疲れさまでございます」と返されたら、他人行儀な感じがするでしょう。その人にだけ敬語を使い続ければ、やがて悟ります。

仕事の場では、できる限り好き嫌いの感情でつきあう人を選別することは避けたいですが、悪口や噂話を吹聴《ふいちょう》されて閉口している相手を無理やり好きになろうとしても難しいですね。

そういうときには、敬語を使って距離を置きましょう。

敬語には、そうした役割もあるのです。

ただし、これは最終手段。相手を受け入れる努力はしてくださいね。

50

五感ワードで、誰とでも「気が合う！」と思わせる

何かを伝えるとき、人は**「視覚・聴覚・味覚・嗅覚・触覚」**のいずれかを使って表現しています。

たとえば、一緒に映画を観た相手に感想をたずねたら「胸が熱くなった」「お洒落《しゃれ》な映画ね」「ＢＧＭに惹かれた」「主役の声が素敵」など、五感を使って答えるでしょう。

このとき、相手がどの感覚で話すことが多いかに注目しましょう。

それが分かれば、**自分も同じ感覚の言葉を使っていけば、「この人とはウマが合う」「相性がいい」と感じるようになります。**

知り合いに「ワクワク」「ドキドキ」「ルンルン」「きゅんきゅん」など擬態語やオノマトペが会話にたびたび現れる人がいます。相手は同年配の男性経営者。

正直、年齢や立場を考えると違和感を覚え、「軽い人」「女々《めめ》しい雰囲気」と、私は冷めた目で評価していたのです。

そんな折、一緒に仕事をすることになりました。

同じ感覚の言葉でやり取りすれば、親しみが湧いて仕事もうまく進むとは頭では理解していましたが、「ワクワク」「ドキドキ」といった五感を使った感覚的な言葉には拒否反応がありました。

それにまったく同じ表現で返したら、何かしらの意図を感じるかもしれません。

そこで「胸が高鳴る」「踊り出したくなる」「飛び跳ねたい」「心をつかまれる」など、**違和感を覚えない範囲で「五感を使った表現」を使って会話する**ことを心がけました。

すると、サポートをしてくれる、報告や連絡などがスムーズに運ぶ。

私自身、「ウマが合いそう」と期待感が芽生えて「この仕事は成功する」という確信に至りました。

実際、予想していた以上の成果を出すことができたのです。

51 マニュアルをちょっと外した「気持ちのいい接客」術

カフェで「ミルクコーヒーをください」と注文をすると、「カフェ・ラテですね」「カフェ・オレですね」などと対応する従業員がいます。

なぜかと言えば、自社のメニューには「ミルクコーヒー」はなく、同様のものは「カフェ・ラテ」や「カフェ・オレ」だから。

マニュアル通りの対応をするなら、そう答えざるを得ないのです。

その言葉に違和感を覚えながらも「温かいカフェ・ラテをお願いします」。

そう注文をすると、「ホットのカフェ・ラテですね」。

「温かい」が「ホット」に変換されて返ってくる。すると、いっそう違和感を覚えるものです。

お得意様が「宅配便で送ってほしい」と伝えたら、「宅配便ですね、ご希望時間をお聞かせください」。

「○○の使い方が分からないので教えてほしい」と電話をしてきたお客様に、「操作方法は、弊社のホームページで詳細に説明しておりますが」

こうした対応をする場合が多いでしょう。

あまり気にしないお客様もいらっしゃいますが、「宅配便で送ってほしい」には「宅配便ですね」、「○○の使い方が分からないので教えてほしい」には「使い方ですね、かしこまりました。折り返しお電話で説明させていただきます」と気遣いを示しながら同じ言葉を返されたほうが、断然気持ちがいいものです。

そこには**「波長のよさ」**を感じるからです。

ほんのひと言であっても、人は無意識のうちに「好感」と「嫌悪感」を嗅ぎ分け、**同じ波長のほうを「いい人」と判断するのです。**

ですから、マニュアル通りの対応が義務づけられている場合でも、時には外して答えることが求められるのです。

52 しらけた空気が一変する「ひと声」

「気をつけ」の掛け声を耳にすると、途端にしゃっきり。背筋が伸びて、だらけた気分のときでも、息を吹き返したようになる私。小学生の頃、朝礼やホームルームで頻繁に「気をつけ」「礼」「休め」など、ひと言＆ワンアクションを聴いていたからでしょう。条件反射のように心身ともにイキイキしてくるから不思議です。

大人になってからも、同様の経験をしています。接待や会食の席などで会話が途切れたり、しらけた空気が流れると、**「では、ここで、乾杯！」**と声高らかにグラスをかかげた瞬間、それまでのどんよりしたムードは一変。笑顔がこぼれたり会話が弾んだり。あなたもそんな経験があるでしょう。

これらは「気をつけ」「乾杯！」というひ**と言&ワンアクションが感情に働きかけて起こる現象です。**

このテクニックを活用すれば、会話で主導権を握ったり、相手をポジティブにさせたり。笑わせたり、考えさせたり。

たとえ、気まずい雰囲気になったとしても、リカバリーできます。

日頃、私が行っているのが、

①「よし！」と自分に言い聞かせるように声を出し、両手を軽く「ポン」と叩き、相手の興味を惹く。結果、その場の空気が変わります。

②「さあ」と心でつぶやきながら、「ポン」と相手の肩を叩き、決断を促す。

ただし、このアクションは、親しい方や相手が同性か年下の方だけにしています。親しさを超えてなれなれしさになってはいけませんので。

53 たったこれだけで、カドを立てずに断れる

会話の中で、誰もが苦手意識を持っているのは「断ること」でしょう。人間関係にヒビが入る、仕事がやりにくくなる、仲間はずれになるかもしれない……。

大丈夫ですよ。心配はいりません。

「声をかけてくれてありがとう」「誘ってくれてありがとう」という姿勢でいれば、相手が気分を害することはありません。断る際のポイントは3つ。

①断ることを前提に話を聞かない

「時間がないから無理」「苦手だから遠慮したい」「忙しいから厳しい」などと、はなから断ることを前提に、話を聞くのはやめましょう。

そういう感情は、態度に表れるものです。

②気を持たせる言い方をしない

その場しのぎで「気を持たせる言い方」をすれば、誤解を招きます。

「善処します」「考慮します」は、普通は「断りの意思表示」ですが、そう受け取らない人もいます。

「考えておく」「何とかする」なども気を持たせる言い方です。どっちつかずの態度では、相手の貴重な時間を奪っているにほかなりません。

③断る理由をきちんと伝える

「無理です」「嫌です」と、否定的な言葉で即座に断れば相手は不快になります。

また「忙しいから」「時間がないから」は、断る理由とはいえません。

納得できるような「断る理由」が見つからないなら、

「ありがたいお話ですが」

「○○様のお誘いですから、お受けしたいのは山々ですが」

というような「スマートで丁寧な言葉」を添えましょう。

これら3点に気をつければ、断れず厄介な問題を抱え込むことはありません。

54

お説教とアドバイスの境界線

「アドバイス」をしているつもりでも、相手には「お説教」になってしまうということは、数多あります。

私は「アドバイス」とは、それを受け取る人が「アドバイスしてほしい」と思っているときだけ。そうでなければ、どんなに素晴らしい話も「お説教」になりかねないと考えています。心から相手のためを思ったアドバイスとは、

①明瞭で簡潔である

回りくどい話し方をしない。自分の成功体験や自慢は口にしない。

②質問口調で話しかけるのがポイント

「私はこう考えるけれど、〇〇さんはどう思う？」

「私なら、こうするけれど、〇〇さんはどうしたい？」

と、相手に考えさせたり、反論の余地を与える。質問口調で話しかけるのがポイントです。

③頭ごなしに否定しない

「だから君は、ダメなんだ」「うまくいくわけない」と決めつける発言は、「レッドカード」。それまで意味のあるアドバイスをしていても、その時点で「お説教」に変身してしまいます。

④協調や協力、共感の姿勢を示す

「一緒に考えましょう」「○○は手伝えるからね」「そこに気づくなんて素晴らしい」と、相手が課題を改善できるような姿勢を示すのがいいでしょう。

⑤相手の立場を尊重する

アドバイスは、相手と対等な立場で解決策を提案すること。

ですから、「○○しなさい」「○○するべき」という上から目線の言い方は避けましょう。親切心から「○○するべき」と伝えても、「偉そう」「しょせん他人事だから」と受け取られる可能性があります。

55 怒鳴っている相手に「反論」は逆効果。このワンクッションが決め手

どんなに親しい関係でも、誤解や行き違いが生じます。人の考え方や好みは百人百様ですから、意見が食い違って当然。怒りをぶつけられることもあるでしょう。ビジネスシーンでは、怒鳴っている相手とも上手に渡り合わないと生き残っていけません。

その際のポイントを、３つご紹介します。

①はなから否定しない

まずは相手の言ったことを受け入れましょう。ただし、何でもかんでも「そうです、その通り」と肯定できるものではありません。

肯定するほどに、「バカにしているのか！」と、怒りが増幅する人もいますので、ほどほどに。渡り合うと決めたならば、「ごめんなさい」や「すみません」

を口にするのは慎んで。「墓穴」を掘ることになります。

②ゆっくり低い声で落ちついて話す

相手の怒りに乗ってはいけません。怒りを言葉で抑えようとすると、高圧的な態度や物言いになりますから、気をつけましょう。

ゆっくり低い声で、心の中は乱れていても冷静を装って話すのです。すると、「怒鳴っているなんて、恥ずかしい」「なんと自分は大人気ない」と相手は気づきます。

③肯定的な前置きから始め、反論は質問形式で

相手が落ち着いたら、反論も容易になります。その場合、

「おっしゃることは理解できます」

「そういう捉え方も分かります」

と、肯定的な前置きをつけてから、「ただ、○○という見方もできるのではありませんか？」などと、質問を投げかけましょう。これで相手のプライドも保たれ、会話がスムーズになります。

怒鳴っている相手と渡り合うには、「対立」ではなく「緩和」が決め手です。

第5章のまとめ

☺気くばりができる人になりたければ、「要は」の口ぐせを使うのはやめよう

☺濁音・促音を避けると、言葉が柔らかくなり好印象に

☺距離を置きたい相手にこそ、あえて丁寧に敬語で話すとよい

☺相手と同じ感覚の言葉でやりとりすれば、自然と相性がよくなっていく

☺相手の使う言葉を言い換えないこと。同じ言葉を使って相手と波長を合わせよう

☺「よし!」と声を出して両手をポンと軽く叩くなど、〝場の空気〟を変えるひと言&ワンアクションを活用しよう

☺「断ることを前提にしない」「気を持たせる言い方をしない」「断る理由をきちんと」の3点に気をつければ、カドを立てずに断れる

☺自分は「アドバイス」のつもりでも、相手には「説教」になっていないか注意しよう

☺怒鳴っている相手に渡り合うには、「対立」ではなく肯定的な前置きから始める「緩和」が決め手

第６章

困ったときの伝え方ポイント

――「相手のタイプ・シーン別」１分のコツ

One-Minute Tips for Good Communication

56 新しい職場では「先手必勝」！

口ベタな方にとって、新しい環境に身を置くことほど辛《つら》いものはありません。好きで選んだ仕事であっても、でき上がっている人間関係の輪にうまく溶け込めるか、不安で仕方がないでしょう。

かつての私は、輪の中に入っていけずに職を転々としながらアルバイトを繰り返していました。ですから、あなたの気持ちは痛いほど分かります。

ここからは、私の経験から導き出した人間関係のコツをご紹介していきます。

ポイントは、どれもたった2つ。それだけまず押さえていただければ、コミュニケーションの楽しさを知ることができます。

①あいさつは自分からする

あいさつは先手必勝。最初の行動が肝心です。

「今日からお世話になります、○○(フルネーム)です。よろしくお願い致します」

語尾まではっきりと、早口にならないようにあいさつしましょう。

あいさつしようかどうか迷っていると、あっという間に数秒経って相手を不安にさせます。その不安が自分に返ってきて、さらに不安をあおるという悪循環を断ち切ることです。

その際、**大好きな人や物を思い浮かべるといいでしょう**。私でしたら愛犬ですが、スイーツでも恋人でもいいのです。大好きな人や物を思い浮かべると、柔和な表情になり肩の力が抜けて、自然なあいさつができます。

②頼る、相談する、質問する

強面の人も面倒くさがりやの人も、頼られて悪い気持ちはしません。ちょっとしたことでも、質問ができるのは働き始めたばかりのときだけ。絶好のチャンスなのですから、教えてもらいましょう。

忙しそうにしていないときを選べば、大丈夫です。もちろん、笑顔で「ありがとうございます!」を忘れないでくださいね。

57 営業で取引先を初めて訪問するときは？

あがり症や人見知りは、好んで営業や販売などの職につくことはないから、この項目は飛ばし読みしようと思ったあなた。それは危険な発想ですよ。配置転換で営業に回され、資料を渡されただけで、いきなり一人で営業させられるということも少なくありません。

研修の一環で現場に出されることも、あるでしょう。

仕事ですから、「こんなはずではなかった」では済まされません。

次のポイントを押さえてチャレンジしてください。

①できることに意識を向ける

「断られたらどうしよう？」「言葉に詰まったらどうしよう？」……あなたの頭の中は「どうしようの嵐」かもしれませんが、そんなネガティブなイメージのまま訪問すれば、足も口も動かず、頭も働かないでしょう。

ですから、できることに焦点を当てて、ポジティブなイメージをふくらませます。

「資料をお渡しする」「名刺交換をする」「自己紹介をする」など。できる自分を見つけて、「変身できるチャンス到来！」と捉えることです。

②相手をコントロールしようと考えない

自分だけではどうしても動かせないことや、結果は相手次第というものは考えないようにします。

「高圧的な人だったら困る」⬇対応策を考えない
「嫌われたらどうしよう？」⬇考えるだけ無駄
「断られたらどうしよう？」⬇相手の都合も理解しないと

人には感情があり、考え方も違って当然なのですから、相手をコントロールしようなんて考えずに、自分でできることだけに焦点を当てましょう。

そうすれば、飛び込み営業でも平気で話せるようになります。

58 仕事上のおつきあいで飲食するときは？

ビジネスパーソンであれば、取引先やお客様から食事や飲みの席に誘われることも多いはずです。相手から「仕事抜きでいきましょう」とか「今日は無礼講《ぶれいこう》で」と言われても、仕事の話ができなければビジネスパーソンとは言えません。

こうした場に参加する人は、仕事に関して何らかのヒントになることや、成果を得るための糸口を求めているのです。

ましてや「知人の○○社長を紹介したいから連れて行く」と、初対面の方を伴うとなれば、何の準備もしないで顔を出したら会話の中に入れないで終わる可能性もあります。あなたがするべきことは2つ。

①事前に情報収集をする

どんな人が参加をするのか、分かる範囲で把握します。ホームページやSN

Sなどから業界の動向やプライベートな部分まで、ある程度は調べておきましょう。

顔なじみの相手でも、その業界の最新ニュースや課題などを把握しておけば、気後れすることなく話のきっかけになりやすいですし、何より相手が喜びます。

私はおつきあいで飲食をするときは、相手のホームページやブログ、フェイスブックなどをくまなくチェックするだけでなく、**会社の所在地周辺の話題のスポットも頭に入れておきます。**

調べた中の一つだけでもタイミングよく出すと、相手は嬉しそうにしてくださいます。

②飲食に思想は持ち込まない

好き嫌いは誰にでもあります。苦手な食べ物を無理強いしたり、お酒が苦手な方に「これぐらい平気でしょう」と自分の価値観を押しつけないようにしましょう。

会話が盛り上がって意気投合したものの、「飲食」でこけたら、これほどバカバカしいことはありません。

59 前触れもなく人を紹介されたときは？

突然、人を紹介されるという場面は、かなりあります。

取引先やパーティー、交流会などで私もたくさん経験してきました。

いきなりの展開に、「えっ？　どうしよう～」

「偉い人なの？　怖いな」

「紹介してくれた方は、私に何を期待しているのかしら？」

あれこれ考えるうちに、パニック。固まってしまったこともありました。

こうした事態を防ぐには、**「突然対応ルール」ともいえる行動パターンを決めておくといいでしょう。**

そうすれば、対応がスムーズになり、第一印象で誤解を招くこともなくなります。

①オフィシャルな行動パターンを決める

握手をする→名刺を交換する→相手の氏名を復唱する→お辞儀をする→簡単な自己紹介をする……。

ビジネスの場で使う行動パターンを決めておきましょう。

決めたら時々シミュレーションしてみることをオススメします。

②プライベートな行動パターンを決める

微笑《ほほえ》んで一礼する→「こんにちは、臼井由妃です（フルネーム）。お会いできて嬉しいです」とあいさつをする→微笑んで一礼をする→相手のあいさつを、目を見開きながら興味深く伺う……。

先のパターンよりも少しカジュアルなプライベートな場で使うパターンを決めておきましょう。

不思議なもので、**体を動かすと、声も出やすくなります**。

例を参考に、自分になじむ行動パターンを決めてくださいね。

そうすれば、前触れなく人を紹介されても、慌てないで会話することができます。

60 相手もあがり症や人見知りさんの場合は？

気になる、話をしたい、親しくなりたい。そう思う相手が、自分と同じようにあがり症や人見知りだった場合、どうすればいいでしょうか？

あなたが会話のボールを投げなければ、いつまで経っても分かり合えることはありません。**あなたは、相手の気持ちが痛いほど分かるのですから、自分がしてほしいことをすればいいのです。**

①あいさつや微笑をきっかけにする

「おはようございます！」でも、「こんにちは！」でもいい。まずはあいさつで相手の心をノックしましょう。

それが難しいならば、微笑んだり会釈《えしゃく》をするだけでもいいのです。

そうされたら、あなたも嬉しいでしょう。

難しいこと抜きに、自分がされて嬉しいことをする。

きっかけは、自らつくることを心がけましょう。

②共通点を探して、会話の糸口にする

何かしらの共通点をお互いに確認できると、心が通い合います。

あがり症や人見知りは共通点でしょうが、「あがり症ですよね」とか「口べタで困っているでしょう」と、ストレートに聞けば、相手は混乱します、場がしらけます。

「騒がしいのは苦手でして……」「うまく話せなくてごめんなさい」などと自己開示をするように語りかけるほうがいいでしょう。

すると相手は、「実は私もなんです」と、徐々に心を開いてくれます。

共通点探しは、出身地、出身学校、血液型、誕生月、星座、干支、家族構成、趣味、スポーツ、外見、食べ物の好み、好きな本のジャンルなど、何でもいい。

「どう話しかけたら、喜ぶのか?」「緊張が解けるか?」

相手の心に寄り添うようにしましょう。

人一倍、あなたなら、理解できるのですから。

61 意外に多い、笑いを求める人には？

口ベタな人にとって、笑いを求めてくる相手は、最も苦手な存在だといえるでしょう。

おとなしくしていると、「妻がいないから、つまんないのか？」と、オヤジギャグをぶつける。黙っていると、「ここは笑うところだろう」と要求してくる。

そこに、「下ネタギャグ」がプラスされたら、とても笑えないですよね。

悪気はないのは分かりますが、このタイプは中高年に意外なほど見受けられます。「笑いは人間関係を円滑にする」を勘違いしているのでしょう。

こういう人には、

①無理に笑わない

何か言えば、否定されかねないからといって、無理に笑うのはやめましょう。

「もっとウケてよ」なんて、言われかねません。

また、悔しいからと笑いを返せば共感していると思われて、さらに笑いを求めてきます。

スタンスは、聞いているけれど「聞き流す」。「こういう人もいるんだ」と俯瞰《ふかん》するのがベストです。

笑いを求める人は、反応がないのがいちばん辛いのですから。

②話を転換させる

とりあえず相手の話を聞いて、「ところで」「そういえば」を味方にして、話を転換させるのも策です。

「白菜好きは『歯臭い』なんてね」と相手。それに対して、

「ところで、来週のプレゼンですが」

「そういえば、○○社が上場するそうですね」

やんわり話の腰を折る作戦です。

これらを押さえれば、笑いを求めてくる相手にも振り回されなくなります。

62 押しの強い人や勝ち気な人には？

友人や家族とは普通に話せるのに、肝心なビジネスの場になると、うまく話せないのはなぜだろう。私自身、長年抱いてきた疑問でした。

押しの強い方や強面の方には、何か言えば否定されたり、無理難題を押しつけられそうで、気が引けてしまう。

人には個性があり、考え方や話し方が違って当たり前なのに、彼らに合わせようと神経をすり減らし、最後は黙り込む。

これでは、何の解決策にもなりません。

押しの強い人や勝ち気そうな人は、至るところに存在するのですから、何とかしなければ仕事になりませんね。

では、どうしたらいいのでしょうか？

①「戦う」「挑む」など敵意は消す

押しの強い相手に言葉で向かっていったら、たちまち逆襲されます。ひと言が三倍返しにはなるでしょう。

ですから頭の中から、「戦う」とか「挑む」などの敵意を消し、「高圧的にしか行動できない人はかわいそう」と、気持ちのうえで勝てばいい。

「相手は子ども、あなたは大人」なのですから、そもそも勝負にならないのです。

②「ふんわりまるく」をイメージする

そうはいっても、ガンガン攻めてくる相手におおらかな気持ちで対応するのは難しいもの。

そうしたシチュエーションで私がやっているのが、「ふんわりまるく」と念じながら、頭の中に「柔らかくて丸い物体」をイメージすることです。

すると落ち着きますし、愛情深く、優しさに満ちあふれているような顔つきにもなるのです。

こうなれば、相手を包みこむほどの人間力を自分は持っているという自信になり、誰に対しても平常心でいられます。

63 ふだん話さない顔見知りに声をかけられたら、どうする？

こういうときほど、気のきいた話ができないものです。

それが嫌で、駅に向かう途中にご近所の八百屋の奥さんが見えてきたら、靴ひもを結び直す仕草をしたり、携帯電話がかかってきたふりをしてみたり。

話しかけられないようにしてきました。

しかし情けないというか、後ろ向きの対応でいいはずはありませんね。

すれ違いざまなら、わずか1、2分で済みますが、「駅までご一緒しましょう」と、なるかもしれません。

ですから、それなりの対応を考えておくと安心です。

①あいさつはきちんとする

どんなときでも、あいさつは先にしましょう。

名前がすぐに浮かぶ相手ならば、「こんにちは！　山田さん」などと伝え、「午後から雨になりそうですね」とか「涼しくなりましたね」と。

季節や天気の話をするのもいいですね。

すると、「雨ですか？　嫌になりますね」とか、「本当に涼しくていいですね」と、返ってきます。

その後は聞き役になればいいのですが、通勤途中ですから時間は限られています。そこで、

②話をやめる理由を示す

「忙しいので」で、話をやめるのは簡単ですが、別の理由を示すほうが相手も気分がいいものです。

たとえば、

「忘れていました、今日は早朝会議でした……」（あわてる）

「昨日、遅刻をして上司に絞られまして……」（焦る）

忙しいには違いがありませんが、話をやめる理由を示したほうが、納得できます。

64 ピンチ！ 接客や販売の仕事に就くことになったら？

口ベタな方が好んで接客や販売の仕事に就くことは少ないと思いますが、どうしても苦手な職種しか見つからないということはありえます。

現実に事務や研究開発系の求人は少なく、すぐに見つかるのは接客や販売等のサービス業です。

就職できない＝就職しないとあきらめるのは、もったいない。

これを機に口ベタが気にならなくなるかもしれませんし、天職に巡り合えるかもしれません。

それに**どんな仕事であっても、人との関わり抜きには成立しない**のですから、次のポイントを押さえて、就職先を選ぶのもいいでしょう。

①接客マニュアルがあるコンビニや小規模店を選ぶ

多くの人が働くスーパーや百貨店、量販店は人間関係も複雑になります。上司、同僚、お取引先、得意先、お客様……と対応も多岐に渡ります。有名店や老舗《しにせ》になれば、接客スキルも高度なものが求められるでしょう。

一方、コンビニや小規模店ならば、レジ打ちと品出しが主な作業。接客時間も少なくて済みます。

②新規開店を狙う

街歩きをしていると、「オープニング・スタッフ募集!」とか「経験不問!」というような募集の張り紙を目にすることがあります。

これこそチャンス。できあがっている人間関係に飛び込むには勇気がいるかもしれませんが、新規開店ならその心配がありません。

しかも、「経験不問」ならば、気が楽でしょう。

もちろん、慣れるまでは仕事はきついでしょうが、作り上げていく喜びや同僚との絆が、新たな可能性をあなたに与えてくれます。

65 取引先の〝偉い人〟と思いがけず顔を合わせたときは？

取引先の社長や部長、利害関係で分が悪い相手と思いがけず顔を合わせたら、緊張感もマックスになるでしょう。

相手が部長や課長さんならば、「いつもお世話になっております」とあいさつをするのは当然です。

でも、社長や会長といった、あなたの顔を知らない取引先の「偉い人」には、どう接したらいいでしょうか？

いきなり「いつもお世話になっています」では、「はぁ～、どなた？」と、そっけなく返されます。

①そっけなくても気にしない

そっけなくされても、落胆することはありません。相手はあなたを知らない。

あるいは人見知りな性格かもしれないのですからね。

クールな対応に呑み込まれるのではなく、社名や部署、氏名をきちんと名乗り「先週、販売促進のご相談で○○さんにお会いしました」「今、新商品の開発で御社の○○様にご相談しております」など。

どういうつながりであいさつをするのかを伝えます。

それで「ああそう」で終わるか、話が発展するかは相手次第ですから、気にしないようにしましょう。

②最後は微笑みで一礼をする

話が続かないと、口ベタな人は「嫌われた」とか、「失敗した」と思うものです。

すると、肩を落とし、小声になって目を伏せ、「最悪のリアクション」を生み出してしまいます。

相手の反応がどうであっても、話が続かなくても、最後は微笑みながら一礼。「お目にかかれて光栄です。ありがとうございました」で終わらせるようにしましょう。

66 苦手なパーティーや会合に出席するときは？

一人の方と話すのもやっとなのに、大勢が集まるパーティーに出席するなんて、想像しただけで気が重いかもしれませんね。

積極的に声をかけるなんてできない。目を合わせるのも厳しい。だからといって壁の花になりますか、ひたすら飲み食いして時が過ぎるのを待つのでしょうか？

そんな状況から抜け出すには、次のポイントを心がけてください。

①話しかけてもいい「ウェルカム・オーラ」を出す

話しかけにくい人は、「話しかけてほしくないオーラ」を出しているものです。

ムスッとして他者を寄せつけない。声をかけたら怒られそう。

それでは誰も近づいてこないですし、あなたが話しかけても警戒されます。

まずは、「口角を上げ、目尻を下げて微笑む」ことを意識してください。

そして、「私は人が好き、人の話を聞くのが好き」と、自分に言い聞かせてみましょう。それだけでも「話しかけてほしくないオーラ」は消え、「ウェルカム・オーラ」に変わります。

②目を合わせられないなら「鼻」、もしくは「口元」を見よう

コミュニケーションの基本は相手の目を見て話すことですが、あがり症や人見知りの方は、プレッシャーを感じますね。

それならば、「鼻」、もしくは「口元」を見ながら話をしましょう。

少しくらい下を見ていても、相手には気づかれません。

かつて鼻も口元も見られないという女性がいましたが、

「男性ならばネクタイの結び目、女性はあご先を見ながら話をすればいい」

と、アドバイスをしました。

これでも、目を合わせるのと同じ役割をします。

67 めったに会わない親戚との会話に困ったら？

結婚式やお葬式、法事や引っ越しの手伝いなどに行くと、会ったこともない親戚のおじさんやおばさんに話しかけられることがあります。

そのたびに、「私との関係は？」と聞くのも失礼ですし、あいさつをしてもそこから先、どう話をしていいのか分からない。

相手がひと回り以上も年上なら、共通の話題を見つけるのも難しいでしょう。季節や天気をきっかけに、会話を進めるのも、しっくりこないですね。

実は、私自身、こうした場面に最近遭遇したのです。

「あなた、どこのお嬢さん？」

「母は○○ですが……」（お嬢さんと言われたことにかなり焦りながら）

「あらそう、じゃあ、△△さんと同じ年齢ね」

「はあ、いやあ、分かりません」（△△さんって、誰？）

まったくかみ合いませんでした。でも、この程度の会話で充分なのです。

①おしゃべりおばさん（おじさん）も気にしない

どこにでもおしゃべり好きな方はいます。こういう場面でガンガン話しかけてくる人は、あなたと話をしたいのではなく、誰かに話を聞いてほしいだけです。

ですから、年配の親戚縁者に対して、年下だから何とか受け答えしないといけないと思い込まなくていいのです。

②共通の話題は目の前の事実でいい

めったに会わない人と共通の話題で盛り上がるのは、会話のプロでも難しいでしょう。でも一つだけあるのです。

それは目の前の事実です。披露宴の席ならば、

「花束贈呈で新婦のお父さんは、涙するでしょうね」

「二人の馴れ初《そ》めをご存知ですか？」など。

ひと回り以上も年上の初対面の親戚でも、これでいつの間にか話ができます。

68 大物と話をするとき、緊張しないためには?

極端な例ですが、ごく普通のおじさんと思っていたときは平気に話ができたのに、「有名な経営者」だったり「業界の大物」、あるいは「弁護士」や「医者」と分かった途端に、話しづらくなったということはありませんか?

私は……何度もありました。

肩書や知名度で人を判断しているつもりはないのですが、「すごい人」「偉い人」という意識が生まれ、心に壁ができて話せなくなるのです。

「嫌われたらどうしよう?」➡ 私なんて相手にしないよね。

「バカにされたらどうしよう?」➡ 彼らは頭がよくて優秀な人だもの。

彼らがそういう発言をしたのならば別ですが、これらは完全な思い込みの世界。すごい人＝「カリスマ」と呼ばれる本物は、カッコつけないですなおに話しかけてくる人に魅力を感じるものです。

①虚勢を張らず、いつものあなたで接する

本物のすごい人は見る目があります。とってつけたお世辞や愛想はすぐに見破ります。通用しません。

ですから、話し方のテクニックをあれこれ考えるよりも、いつものあなたを見せましょう。口ベタだから、あがり症だから、人見知りだから……「嫌う」という発想は彼らにはありませんから、安心していいのです。

②あいさつと自己紹介はきちんとする

そうはいっても、あいさつや自己紹介ができないのでは、お話になりません。前にお話しした「サンドイッチ方式」の自己紹介や、「ひらがな」を意識するあいさつを参考に、トレーニングをしてくださいね。

私は、緊張したら、

「この出会いは神様からのギフト。この方とご縁があるのだ」

と、ポジティブに解釈します。

いいことだけを考えれば大丈夫！　うまく話せます。

69
「電話」が怖くて、うまく話せないときは？

ベルが鳴るだけでビクッとしてしまう、電話だとうまく話せない、話している最中も、しどろもどろになる。

あがり症や人見知りの方には、「電話」が怖い、苦手と感じる方が少なくありません。相手の表情が見えない電話は、誰でもある程度の恐怖を感じるものです。

また、一度でも電話で失敗したことがあると、電話で話すたびに「同じ失敗をするのではないか」と恐れてしまう。

「相手が見えない恐怖」と「失敗を恐れる恐怖」。

この2つの恐怖を和らげるのが、電話でスムーズに話せるようになるポイントです。

①電話の着信音を変える

いつもの電話の着信音を聞くと、過去に失敗した経験が条件反射のように呼び起こされるものです。

そこで、着信音を変えてみるのもオススメです。携帯電話ならば、簡単にできますね。ちなみに私は、心躍るような着信音にしています。

新たな電話の着信音には、「失敗したあなたは」は存在しません。「楽しくスムーズに電話ができるあなた」が生まれます。

着信音一つ変えるだけで、イメージが一新されるのです。

②オーバーアクションで話す

電話が怖いという人は、緊張して肩や首に力が入りすぎる傾向があります。

そこで、リズミカルに手や腕、首などを回す。手招きをしたり足踏みするなど。体を動かしながら、話すのもいいでしょう。

すると、緊張がほぐれてリラックスできます。

人はリラックスしていると、不安になることはありませんから、電話への恐怖心も和らぎます。

第6章のまとめ

😃新しい部署や職場で働くときには、最初のあいさつで決める

😃営業で取引先を初めて訪問するときには、自分ができることに意識を向け、結果は相手次第なことは、考えない

😃仕事上のおつきあいで飲食するときは、可能な限り事前に情報収集をする

😃前触れなく人を紹介されてもあわてないように、「行動パターン」を決めておく

😃相手もあがり症や人見知りの場合には、自分がしてほしいことを視点に相手に接する

😃笑いを求める人には、過敏にならずに話を転換させる

😃押しの強い人や勝ち気な人には「私は大人、あなたは子ども」の包容力で

😃あまり話さない顔見知りに通勤途中に声をかけられたら、きちんとしたあいさつと話をやめる大義名分で対応する

☺接客や販売の仕事に就かなければいけないときは、
コンビニと新規開店をキーワードにする

☺取引先の「偉い人」と思いがけず顔を合わせたとき、
そっけなくされても落ち込まない

☺パーティーや会合などに出席するときは、「ウェルカム・オーラ」を出そう

☺ひと回り以上年上の親戚縁者とプライベートで話をするときは、
目の前の事実を話題にする

☺大物と話をするときは、虚勢を張らず、いつものあなたを見せるが勝ち

☺電話が怖い人は、着信音をリセット。オーバーアクションでリラックスを

One-Minute Tips for Good Communication

巻末付録

これは使える！
相手の心に響く
「ひと言」集

One-Minute Tips for Good Communication

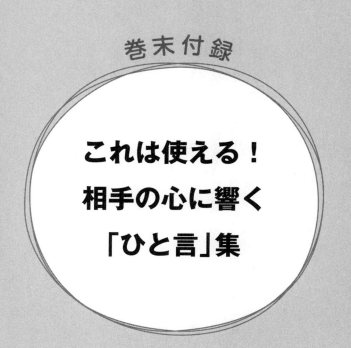

今のあなたは、話し方に関する苦手意識が消え、会話の楽しみを見出していると思います。

以前よりもゆったりとした気持ちで、人に接することができるでしょう。

「素晴らしいです」

「もう、大丈夫ですよ」

あなたは永久に話し方に、「困る」「悩む」ことはありません。

あとは、実践あるのみです。


話をしていないときでも、服装や態度、しぐさ、表情などを通じて自分の思いを伝えたり、相手の話に耳を澄ませて真意を探ったり。言葉にしなくても、「心のキャッチボール」をしていきましょう。

そうすれば、あなたの話し方はいっそう輝いていきます。

話し方に100%の正解はありません。

状況や相手の捉え方によって、変わってきてしまうものです。

相手への気遣いはもちろん大切ですが、気にするあまり何も言えなくなっては、せっかくの出会いを台無しにしてしまいます。

自分の思いを、素直に伝える。

これがいちばん大切なことです。

巻末では、さらにあなたの会話を魅力的にする、ちょっとした「ひと言」をご紹介します。

本文とあわせて活用していただければ幸いです。

なるほど

あいづちの定番フレーズです。納得や同意をしたのではありませんが、こう伝えれば、相手が不快感を覚えることはありません。「なるほど」と伝えることで、相手の反応を知り、次の手を考える。緊張してしまったときに落ち着きを取り戻す。いい意味で時間を稼ぐ役割も担います。

興味深いですね

自慢話を聞くとき、敬意を示すひと言です。「さすが、○○様。興味深いですね」「実に、興味深いですね」などと言えば、相手にさらに大きな満足感を与えられます。

それからどうされたのですか？（どうしましたか？）

相手の会話をさらに引き出すひと言です。

相手は自分の話をきちんと聞いてくれているか、不安なものです。

「それからどうされたのですか？」と水を向ければ、安心して気分よく話すことができます。

うらやましいですね

自慢話をするときには、その内容を知ってもらいたいだけでなく、「うらやましがってほしい」と、人は少なからず思っています。

そこでこのひと言が活きてくるのです。ただし、多用したら卑屈で下品な印象も与えますので、ほどほどにしましょう。

まったくです（ごもっともです）

相手の話に同意するときに使います。まったくとは「全て《すべ》」＝完全という意味がありますから、１００％肯定している様子を伝えられます。「まったく、ごもっともです」と言えば、より深い同意を示すこともできますね。

お察しします

不平や不満、愚痴《ぐち》などをこぼされたとき、「分かります」「その通りですね」と言うと、気遣いしているにもかかわらず、「本当に分かっているのか?」と、へそを曲げる人もいます。とくに相手が年上の場合は注意が必要です。

その点、「お察しします」は無難。神妙な顔つきで伝えましょう。

ご苦労なさったのですね（ご苦労されたのですね）

上司や先輩の苦労話を聞かされることがあります。きちんと聞くのは基本ですが、延々と何度も聞かされるのは困りますね。

そんなときには、「ご苦労なさったのですね」を使うといいでしょう。

このフレーズは苦労話に共感しながらも、入り込まない。

話を早く切り上げるのにも役立ちます。

何よりですね

正直、自分にとってはどうでもいい話でも、相手には何よりも嬉しい。自慢のタネということは多いですね。

そうした類の話には、気持ちを察して、「（それは）何よりですね」と伝えると、人間関係は円満になります。

よかったですね（いいですね）

とり立ててほめることが見つからないときでも、このひと言があれば会話がスムーズになります。カドが立ちません。

ただし、言い方によっては冷めた印象にもなりますから、明るく、高めの声で、にっこり。心を込めて伝えましょう。

いいことを言いますね（いいこと言うなぁ）

相手の話をほめながら、きちんと聞いているという姿勢を示す、ひと言です。しみじみとうなずきながら言うと、効果的です。

「いいことを言いますね」と言われた相手は、気分上々で乗って会話をします。つい本音を出してしまうこともあります。

○○様はなんでもご存じですね

知識や知恵、経験をほめる、誰にでも使える万能フレーズです。こう言われたら、「知っていることは何でも教えよう。力になろう」と思います。相手を喜ばせ、自分にとってもプラスになる「ひと言」です。

さすがですね

自分よりも少し年上の方や、同年配の方をほめる場合の万能フレーズです。

「格」が違いますね

肩書や能力、実績など明らかに自分よりも優れている人をほめる際に使うといいでしょう。尊敬や感動、称賛などの気持ちが充分伝わります。

お詫びの言葉もありません

「ごめんなさい」では謝り足りない。もっと深い謝罪の言葉を示したいときには、余計な弁解をしないでこのひと言を使いましょう。

あまりに申し訳なさすぎて詫びる言葉が見つからないほど、謝罪の気持ちが強いことを表します。

言葉が足りなかったかもしれません（言葉不足でした）

自分の思いがきちんと伝わらず、結果的に、相手の心を傷つけてしまうこともあります。そういうときには、相手を責めずに「私が悪かった」という態度でこのひと言を伝え、もう一度、丁寧に話をしてみましょう。

不愉快にさせてしまったら、ごめんなさい

たとえ正しいことであっても、人には触れられたくないことがあります。「あなたに言われたくない」「聞きたくない」という相手の雰囲気を感じたら、「不愉快にさせてしまったら、ごめんなさい」と自ら詫びるのが円滑な人間関係を築くポイントです。

大変ご迷惑をおかけしました

自分のミスで相手に迷惑をかけたとき、その種類、大きさを問わず、使える謝罪のひと言です。「（お返事が遅れまして）大変ご迷惑をおかけしました」というように、はじめに謝罪する内容を入れるのが基本です。

大変ご心配をおかけしました

心労など心の負担を与えてしまったときに使います。この点が「大変ご迷惑をおかけしました」と異なります。

今夜は眠れません

憧れの人や尊敬している方と会話ができると、嬉しすぎて、どう表現していいか分からなくなるものです。

「嬉しいです」「幸せです」「最高の気分です」でもいいのですが、私は「嬉しすぎて、今夜は眠れません」と伝えています。

奇跡です（奇跡が起きました）

先のひと言よりも、出会えた喜びを強烈に伝えます。

「お会いできるなんて、奇跡です」

「一緒に仕事ができるなんて、奇跡です」というように使います。

ちなみに知人は、「あなたに巡り合えたのは奇跡です」と言ったあと、「結婚してください」とプロポーズ。温かな家庭を築いています。

何でも話したくなるのです

より親しくなりたい人に伝えたいひと言です。

「(○○さんには) 何でも話したくなるのです」と言うと、「あなたに心を開いていますす。仲良くしてくださいね」という意味になります。

相手も親近感が湧いて嬉しいものです。

あなたがいると元気が出ます
あなたといるとやる気になります
あなたといると勇気が出ます

その人がいると、明るくなったり、やる気や勇気が出たり。プラスの感情が湧く。そんなときは、すなおな気持ちを伝えましょう。より心がつながります。

本書は、本文庫のための書き下ろしです。

青春文庫

話《はなし》は1分《ぷん》で みるみるうまくなる!

話《はな》しベタ・人見知《ひとみし》りが 武器《ぶき》になる「超《ちょう》」会話術《かいわじゅつ》

2016年2月20日 第1刷

著　者　臼井由妃《うすいゆき》

発行者　小澤源太郎

責任編集　株式会社プライム涌光

発行所　株式会社青春出版社

〒162-0056 東京都新宿区若松町 12-1
電話 03-3203-2850 (編集部)
03-3207-1916 (営業部)
振替番号 00190-7-98602

印刷／大日本印刷
製本／ナショナル製本
ISBN 978-4-413-09639-3

ほんとうのあなたに出逢う　青春文庫

日本人の9割が答えられない 日本の大疑問100

円はなぜ「EN」でなく「YEN」?
エスカレーターでなぜ関西では左側を歩く?
日本人として知っておきたい一歩先の常識!

話題の達人倶楽部［編］

(SE-636)

親が与えている愛 子どもが求めている愛

「いい子」は、なぜ幸せになれないのか

真面目な少年が問題を起こす心理
明るい子が、ある日心を閉ざす理由…
親と子の気持ちのすれ違いに気づく心理学

加藤諦三

(SE-637)

世界史からこぼれ落ちた 離島伝説

世界各地の離島に遺された痕跡は
何を語るか――。封印された謎が、
いま解き明かされる!

おもしろ地理学会［編］

(SE-638)

話は1分で みるみるうまくなる!

話しベタ・人見知りが武器になる「超」会話術

自己紹介、スピーチ、会議、雑談、説明、説得…
あがり症で吃音だった著者が実体験から
生み出した「1分のコツ」を満載!

臼井由妃

(SE-639)